ALQUIMIA VISUAL

AVISO

A editora e seus escritores não se responsabilizam por eventuais lesões ou prejuízos sofridos pelo leitor que possam decorrer da utilização do conteúdo presente nesta obra e sugerem prudência ao ponderar sobre as práticas apresentadas neste livro. O conteúdo desta leitura não tem como objetivo substituir orientações de profissionais da área médica ou psicológica. Recomenda-se aos leitores procurarem seus especialistas em saúde pessoal para tratamentos. O uso de ervas, plantas e óleos essenciais deve ser feito com cuidado, e uma investigação detalhada acerca de qualquer planta citada neste livro deve ser conduzida pelo leitor antes de manuseá-la. Ao lidar com fogo, siga as medidas de segurança contra incêndios e jamais deixe velas ou outras fontes incandescentes sem supervisão.

LAURA TEMPEST ZAKROFF

ALQUIMIA VISUAL

ARDANE

Publicado originalmente em inglês sob o título:
Visual Alchemy: A Witch's Guide to Sigils, Art & Magic

Published by Llewellyn Publications -
Woodbury, MN 55125 USA, www.llewellyn.com

Editor: Claudiney Prieto
Coordenação Editorial: Luciana Papale
Tradução: Rejeane Melo
Diagramação: Andréa Guimarães
Capa: Ardane Books
Revisão: Grupo Papale's

DADOS INTERNACIONAIS DE CATALOGAÇÃO NA PUBLICAÇÃO (CIP)
CÂMARA BRASILEIRA DO LIVRO, SP, BRASIL

Z21 Tempest Zakroff, Laura
Alquimia Visual / Laura Tempest Zakroff;
tradução de Rejeane Melo
Editora Ardane | 1ª edição | São Paulo | 2023

Tradução de Visual Alchemy: A Witch's Guide to Sigils, Art & Magic
ISBN 978-65-85370-15-8
1. Wicca. 2. Esoterismo. 3. Bruxaria. 4 Magia I. Título.

CDD 133.43
CDU 133.4

Índice para catálogo sistêmico:
1. Bruxaria: Ocultismo 133-43

EDITORA ARDANE
www.ardane.com.br
Tel.: (11) 97774-4013 | E-mail: contato@ardane.com.br
Instagram: @ardanebooks

AGRADECIMENTOS

Cada livro que escrevo, um após o outro, fica melhor graças às mentes perspicazes e os esforços das minhas editoras, Elysia Gallo e Andrea Neff. Elas não apenas ajudam a ajustar cada manuscrito ao longo do processo de publicação, como também conseguem, de alguma forma, gerenciar o meu cérebro enquanto escrevo. Tenho muito apreço a todas as pessoas da Llewellyn que ajudam a tornar meus livros uma realidade.

Como sempre, agradeço à minha mãe, Terry Zakroff, por ser uma revisora rápida como um relâmpago, e ao meu pai, Pete Zakroff, por me ajudar a obter essas sugestões de edição.

Gostaria de agradecer especialmente a todos os meus apoiadores do Patreon, principalmente aqueles que participaram de qualquer uma das minhas sessões mensais pelo Zoom da "Sigil School" e compartilharam suas perguntas sobre sigilos e arte mágica. Obrigada a todos os meus alunos do workshop Magia de Sigilo (sejam virtuais ou presenciais) ao longo dos anos, pelo seu entusiasmo por todo o processo e, claro, a todos que acreditaram na minha arte por todo esse tempo.

Meu amor sempre a Nathan, por apoiar meu trabalho, trazendo-me chá, ouvindo meu desabafo e distraindo os gatos para que eu possa escrever.

Para todos aqueles que se atrevem a fazer arte e magia.

SUMÁRIO

PARTE II - COLABORAR

ILUSTRAÇÕES E FOTOGRAFIAS

PREFÁCIO

– Nick Bantock

Escrever sobre a relação entre a arte e a magia é corajoso – as Bruxas foram queimadas por muito menos. Todos os dias somos inundados com diversas imagens. De telas de computadores a outdoors, estamos constantemente sendo atingidos por imagens rápidas, representações transitórias que não são projetadas para permanecerem ou serem cuidadosamente examinadas. Quanto mais imagens consumimos, menos tempo temos para refletir sobre seu conteúdo e significado. Aos poucos, estamos deixando nossa visão de magia enfraquecer.

Andy Warhol sabia o que estava fazendo com suas serigrafias "Marilyn". Ele estava fazendo algo que podia ser visto de relance: uma arte que não precisava de observação profunda; um ícone para um ícone, projetado para subestimar. Esse tipo de cinismo autoconsciente levou alguns a sugerir que a segunda metade do século 20 viu o comércio substituir a magia pela arte.

Imagine-se vivendo quinhentos anos atrás. Sua exposição a imagens teria sido ocasional, na melhor das hipóteses, então se você se encontrasse em uma vila ou em uma igreja, em frente a uma pintura de Rafael, dificilmente daria o mesmo olhar superficial que daria a uma Marilyn. Certamente você levaria quase uma eternidade ou duas para examinar a imagem, para avaliar o seu significado.

Acho que estamos perdendo nossa capacidade de desacelerar o suficiente para compreender completamente qualquer coisa. E esse ritmo frenético está nos roubando a capacidade de ver que a arte pode nos libertar e nos dar um meio de autoexpressão. Infelizmente, sabendo que somos encorajados a não ter capacidade de concentração, os artistas são desencorajados a produzir uma arte que requer tempo para ser contemplada, por ser complexa em símbolos, narrativas e alquimia.

Quando comecei a ler sobre alquimia, fiquei confusa. A linguagem parecia evasiva e elíptica. Então comecei a olhar para as imagens da alquimia e ficou imediatamente claro para mim que as imagens são o verdadeiro veículo da filosofia, falando diretamente à nossa percepção visual. Isso, claro, faria sentido se os alquimistas evitassem a literalidade das leis da heresia.

Artistas e poetas sempre tendem a reproduzir reis, imperadores e patriarcas das nervosas organizações religiosas, com sua linguagem ambígua e sua tendência a fazer perguntas embaraçosas sobre a verdade e a realidade. Não é por acaso que os governantes sentiram a necessidade de predeterminar a expressão dos artistas para sustentar seus *status quo*. No entanto, quaisquer que fossem as restrições impostas, os artistas encontraram maneiras de subverter essas limitações. Segredos e ideias subversivas podem ser escondidos à vista de todos, mensagens codificadas transformadas em símbolos para aqueles com olhos e mente aguçados.

A obra *1984,* de George Orwell, observa que, ao reduzir o vocabulário, você pode reduzir a capacidade das pessoas de pensar por elas mesmas. O que ele não menciona é que, ao emburrecer a alfabetização visual, um efeito semelhante se produz em nossa capacidade de ser intuitivo.

Magia é a habilidade aprendida de "ver" o que paira dentro e fora de nossa visão periférica. O trabalho de um artista é capturar o invisível; eles são alquimistas simplesmente, porque, uma vez que estão imersos em uma pintura, a fronteira entre o artista e sua arte desaparece, o tempo para e o presente se torna eterno.

Em minha experiência, quando a arte é restrita e rotulada, ela murcha. Durante todos os meus anos de faculdade, fomos fortemente encorajados a restringir nosso "estilo" e expressão, para tornar nosso trabalho reconhecível (adaptado à marca). Mas achei aquele ethos sufocante, não queria uma cabeça e uma boca; eu queria línguas para tantas vozes quantas houvessem dentro de mim. Comecei a procurar um meio de expressão que fosse inclusivo, não exclusivo. Para mim, o casamento da palavra e da imagem abriu a porta para uma paisagem que permitia que o símbolo e o sinal vagueassem livremente.

Seja para os observadores ou para os criadores, a arte sempre foi sobre o espírito irreprimível da nossa imaginação. É fundamental expandir nosso vocabulário visual, não o encolher. Devemos nos abrir para ver, considerar, explorar e criar, fora das linhas retas, as regras rígidas e limitantes. Uma vez que reconhecermos o extraordinário poder da nossa imaginação e da nossa arte, a magia não estará a mais de um dedo de distância.

Espero que você aceite o encorajamento deste livro para derrubar o muro que velhos homens construíram quando decidiram evitar que a arte e a magia se unissem.

Nick Bantock (British Columbia, Canadá) é o autor e artista da série de livros *Griffin e Sabine*, best-seller do *New York Times*. Escritor de mais de trinta livros, onze dos quais apareceram em listas de best-sellers. Suas obras foram traduzidas para quinze idiomas e mais de cinco milhões foram vendidas em todo o mundo.

INTRODUÇÃO

Cheguei a acreditar que sofremos de uma série de rachaduras dentro de nós mesmos… Lá estão, sem dúvida, múltiplas razões para o nosso sentimento de alienação e, no entanto, há uma que repetidamente me preocupa... Tentei expressar minha sensação incômoda de que quase se perdeu "a imagem" como meio direto de pensamento.
– Nick Bantock em *The Artful Dodger*

Vou compartilhar com vocês um segredo: quando começo um livro, a introdução é tecnicamente a primeira coisa que escrevo, mas também a última. Nela está a ideia inicial do livro, que acontece quando eu o concebo, e aquilo que vem depois, quando ele sai da minha cabeça, no estilo Athena.

Cada livro acaba sendo o que eu esperava que fosse e algo que eu nunca poderia ter imaginado. Eu amo o processo e as revelações que ele traz.

Acho que isso também é verdade para a minha arte. Há a ideia na minha cabeça e depois há o que essa ideia se torna, uma vez que foi trazida ao mundo através de minha própria alquimia visual.

Na sociedade moderna, tendemos a pensar que o processo criativo é assim:

1. Ter a ideia.
2. Fazer essa ideia acontecer de alguma maneira.
3. E ter como resultado final uma cópia carbono dessa ideia em sua cabeça.

A maioria de nós fica aterrorizada quando o Passo 3 não se parece com o Passo 1. Nós nos desesperamos, pensamos que falhamos, e tentamos esconder a evidência onde ninguém vai encontrá-la. Raramente paramos para considerar "e se o resultado final for realmente muito melhor do que aquilo que poderíamos ter", já imaginou? Em vez disso, matamos a ideia antes que tenhamos a chance de descobrir.

Para mim, isso é trágico e é a antítese da arte, da magia e do processo criativo real.

Com cada um dos meus livros, tenho uma ideia de como quero ajudar os outros e percebi que a base para todos os meus trabalhos é a reconexão. Por exemplo, *Anatomy of a Witch* é um guia para reconhecer o poder de seu corpo e *Weave the Liminal* é uma ajuda para elaborar a prática autêntica que está dentro de você. Este livro é sobre descobrir onde a arte e a magia se cruzam, mas é também essencialmente sobre como recuperar a capacidade de fazer arte. Todos nós temos o poder de fazer arte, mas muitos de nós duvidam que possamos realmente fazê-la.

Acredito que é possível ajudar os outros a ver, sentir e pensar em imagens, reconstruindo a conexão com a arte e a criatividade. Através do movimento de fazer um símbolo e se deleitar com o processo, você também pode encontrar magia e significado na criação da arte.

NO INÍCIO

Desde que me lembro, as artes visuais têm sido parte integrante da minha vida. Também desde muito cedo fiquei fascinada com a metafísica, verificando incansavelmente diferentes livros da Time-Life's, *Mysteries of the Unknown,* na biblioteca, e assistindo *In Search Of* e programas semelhantes na TV. Lembro-me até de tentar dominar habilidades psíquicas com meus amigos, influenciados pela cena do filme *Os Caça-Fantasmas,* de 1984, onde Venkman (Bill Murray) usa cartões Zener em um teste de ESP (sem a parte do choque elétrico, é claro). Acho que o que mais me impressionou foram aqueles símbolos bem simples nos cartões e como eles podiam ser percebidos pela mente humana.

Ao estudar História da Arte, reconheci essas mesmas formas e símbolos básicos em todos os lugares. Eles estão esculpidos em petróglifos no sudoeste norte-americano e aparecem nas pinturas dos Expressionistas Abstratos. Nós os encontramos nas formas das construções em que vivemos, trabalhamos, comungamos e adoramos. Estão em nossos alfabetos, nos padrões em nossas paredes e pisos e em nossas roupas. Eles estão costurados no tecido de nossa vida. Uma vez que começa a ver essas marcas e símbolos, não tem como deixar de vê-los. A arte está ao nosso redor.

A arte é uma das mais antigas e ancestrais formas de magia. A humanidade a cria para se expressar. Música, dança, artes visuais, teatro – todos servem para relatar o mistério e a realidade de nossa existência. Através da arte, damos forma ao divino, compartilhamos nossas histórias pessoais e culturais e interagimos com nosso ambiente e uns com os outros. A arte é uma forma primária de comunicação, quer a estejamos usando para celebrar uma ocasião ou alguém, explorar um conceito ou mistério, trazer consciência social ou construir e decorar o espaço ao nosso redor.

Magia, Rituais e Bruxaria também são veículos de comunicação. Por meio deles, focamos nossa intenção em influenciar o mundo ao nosso redor, criar formas e padrões e suplicar ou se alinhar com divindades e espíritos. Uma vela votiva dá forma ao desejo através de sua cor, cheiro e da ativação da queima, e pode-se incluir imagens para aprimorar essa intenção. Cria-se um boneco de uma pessoa ou de um animal para influenciá-los favoravelmente ou para servir como um recipiente de intenções. Uma oferenda com itens selecionados pode ser usada para apaziguar, honrar ou invocar uma divindade ou antepassado. Na verdade, é o processo de criação combinado com o domínio da intenção que cria a magia que se estende além da soma de suas partes.

Na aula de matemática, aprendemos que uma linha é uma conexão de pontos que continua além do infinito em qualquer direção. Se considerarmos esses pontos no espaço como átomos e moléculas, começamos a ter noção do poder da linha para ligar o tempo e a matéria, descrevendo, por sua vez, a forma do Universo. Para fazer isso, podemos tirar essa linha das páginas de nossos livros e deixá-la fluir para o mundo ao nosso redor. Então podemos ver linhas se curvando, dobrando e traçando as formas e as energias do Universo, desde as órbitas dos planetas, do fluxo de luz e de ondas sonoras até a estrutura do DNA e as migrações de animais. Onde quer que sigamos a linha, vemos padrões presentes em nossos ideais tanto de ordem como de caos aparente, às vezes em escala maciça e outras vezes apenas quando chegamos a um nível microscópico.

Quando trazemos essa linha de volta para a página em uma marca desenhada por nossas próprias mãos, ela também pode se curvar e mudar de acordo com nossa vontade e influência. Podemos usar essa linha desenhada para descrever e conectar ideias, objetivos e novos padrões nascidos de nossa própria mente. Se uma linha é desenhada como um símbolo artístico ou usada para canalizar espíritos ou uma energia através da escrita comum, estudos mostraram que existe uma ligação poderosa entre a linha desenhada e nossa memória. O símbolo desenhado fortalece nossa memória cognitiva e nos auxilia na visualização. Nós, portanto, adicionamos o efeito cumulativo de focar nossa intenção mágica enquanto criamos a arte. Os símbolos que criamos descrevem nosso mundo ao nosso redor, bem como as mudanças que desejamos influenciar em nós mesmos e na nossa vida.

Além da aparente simplicidade de uma linha, podemos adicionar outros elementos através da aplicação mais complexa de cor, textura e mídia. Uma pintura não só representa uma pessoa ou divindade, como pode também criar uma atmosfera, abençoar um lugar, embelezar uma lembrança e atuar como um portal. Cada cor usada, cada material ou item incluído, pode adicionar outra camada de significado ao produto final, mesmo que não seja visível no trabalho acabado. Esculturas e objetos artesanais incorporam energia espiritual como bem sabemos. Podemos tocar um objeto, segurá-lo e nos ver refletido nele, e ainda reconhecer a mão que o fabricou, mesmo que não seja a nossa. E, à medida que o tempo e as gerações passam o objeto adiante, ele pode coletar ainda mais energia.

O MÉTODO DA MAGIA DE SIGILO

Em meu livro *Magia de Sigilo*, apresento um método próprio de criar símbolos desenvolvido intuitivamente ao longo da minha vida. Fiz uma engenharia reversa de como eu criava sigilos que agora uso para ensinar aos outros. Desde então, ensinei milhares de pessoas a fazer sigilos em meus workshops e o livro teve um alcance ainda maior – muito além do que eu esperava. Eu não tinha ideia de quantas pessoas iriam se identificar com a minha abordagem.

Meu método de criar sigilos tem quatro etapas:

1. Definir seu objetivo ou problema.
2. Ter ideia do que é necessário para atingir esse objetivo ou o que vai trazer solução, listando as palavras e frases mais relevantes e atribuindo uma marca ou símbolo a cada uma delas.
3. Projetar o sigilo combinando essas marcas e símbolos até que esteja satisfeito com o resultado.
4. Colocar em prática e/ou utilizar o sigilo conforme necessário.

O que eu realmente amo em ensinar, principalmente ao explorar o mesmo assunto repetidas vezes, é que sempre há algo novo sendo trazido à mesa. Alguém vai fazer uma pergunta que eu ainda não tinha considerado. Uma nova perspectiva ou experiência inesperada apresenta um desafio para resolver no futuro. Isso se torna oportunidades para que eu também aprenda, explore e encontre novas maneiras de enfrentar o inesperado. Assim, eu posso compartilhar essas descobertas com outras pessoas.

Isso é parte do que vamos ver aqui: edificar técnicas e ideias encontradas no livro *Magia de Sigilo,* para que possa sintonizar com sua experiência de criação de sigilos. Ao fazermos isso, também procuraremos mais de perto os aspectos espirituais, metafísicos e rituais de onde a arte se cruza com a magia.

A Magia de Sigilo é provavelmente uma das formas mais acessíveis de magia. Você não precisa de fantasia, suprimentos ou de um diploma em arte. Não precisa nem mesmo ser um ocultista ou praticante de magia. Nem mesmo acreditar em divindades ou espíritos – apenas em si mesmo. Ainda assim, pode ser um pouco desafiador no início. Para ficar melhor nisso, você só precisa praticar. Sigilos podem ajudar a construir sua confiança e sua crença em seu poder pessoal. Eu acredito que eles também possam ser uma porta de entrada para fazer trabalhos de arte mágica mais envolventes ou complexos: pinturas, esculturas, até canções – ou o que quer que seja inspirado a criar.

USANDO ESTE LIVRO PARA DEIXAR SUA MARCA

Este livro tem seis capítulos divididos em duas partes. Na Parte I: Criar, partimos de dentro para fora, aprendendo a aproveitar o poder da nossa criatividade. No Capítulo 1: Alquimia Visual, exploraremos o espaço onde a arte e a magia se encontram: vamos entender porque criamos a arte, porque ela é poderosa e o que a arte pode fazer por nós se deixarmos de lado nossos medos. No Capítulo 2: História dos Símbolos, vamos nos aprofundar em como os sigilos funcionam, como encontrar significado no movimento das marcas que criamos e como construir seu próprio códice de símbolos pessoais. No Capítulo 3: Design Mágico, você vai trabalhar na resolução de problemas para refinar sua técnica de Magia de Sigilo usando conceitos de design. E no Capítulo 4: Aplicação Ritual, você vai descobrir como um ritual pode desempenhar um papel importante em sua arte, como trabalhar com divindades e espíritos para fazer arte e considerações técnicas para antes, durante e depois da arte finalizada.

Na Parte II: Colaborar, veremos que a arte mágica está exposta e aberta e pode nos ajudar a nos conectar com outros. Os sigilos são muitas vezes inerentemente pessoais e íntimos, mas isso não significa que eles não possam ser criados de forma colaborativa e compartilhados com outros. Na verdade, criar e usar sigilos com outras pessoas pode ser uma experiência coletiva poderosa e um meio para a mudança social. Mas há coisas que precisa ter em mente para aumentar sua eficácia e usabilidade. No Capítulo 5: Fora do Mundo, você vai descobrir como compartilhar sigilos mágicos e como criar arte mágica pública, bem como explorar ideias sobre como fazer arte fora do seu espaço pessoal ou privado. Por fim, no Capítulo 6: Compartilhando Sigilos, há uma coleção de mais de cinquenta sigilos mágicos compartilhados para você explorar, refletir e usar. Esses sigilos não só são um arquivo de referência útil, como também podem servir como um manual de estudo e ponto de inspiração.

Ao longo do livro, você vai encontrar os destaques de "Artes & Trabalhos Manuais". Esses recursos especiais trazem a sabedoria e experiências de dez colegas artistas para ajudar a inspirar sua jornada. Esses criadores vêm de diversas origens e experiências e trabalham com diferentes tipos de mídia, mas todos eles exploram onde a magia e a arte se encontram em seu trabalho. Às vezes, a melhor maneira de encontrar inspiração é sair um pouco da sua cabeça e entrar na de outra pessoa! E, como sempre, há uma lista de recursos e leitura recomendada no final do livro para ajudá-lo ao longo da jornada.

Espero que o que está prestes a ler mude a forma como você vê a arte e a magia, bem como a si mesmo – particularmente sua própria capacidade de fazer arte.

Parte I
CRIAR

Capítulo 1

ALQUIMIA VISUAL

Há coisas que não podem ser ditas. É por isso que temos a arte.
– Leonora Carrington[1]

Para cada equívoco que existe sobre magia, há também um semelhante para a arte. No entanto, ambas estão conosco desde o início de nossa espécie. Uma pergunta que costumo fazer aos alunos no meu workshop é "A quem você beneficia ao não tomar posse do seu poder?" Posso garantir que a resposta para esta pergunta definitivamente não é você. A mesma resposta serve também para a questão "A quem você beneficia se não fizer arte?"

No intuito de colocar você no caminho da arte, começaremos explorando o espaço onde a arte e a magia se encontram. Voltaremos no tempo para descobrirmos porque nossos ancestrais faziam arte e qual é o significado disso hoje para nós. Então vamos quebrar as paredes e as limitações que procuram inibir a arte na maioria das pessoas e descobrir como a arte pode aprimorar sua prática mágica. A partir daí, abordaremos a curiosa natureza da inspiração e das ideias. Por fim, baniremos os últimos obstáculos restantes que possam estar pendurados em torno de seu cérebro para que você possa começar (ou recomeçar) a fazer arte.

1 Heidi Sopinka, *An Interview with Leonora Carrington,* The Believer, publicação 94, 1º de novembro de 2012, https://believermag.com/an-interview-with-leonora-carrington-3

ONDE A MAGIA E A ARTE SE ENCONTRAM

Eu amo uma boa encruzilhada, e você? Nunca se sabe quem ou o que vamos encontrar por lá. Permita-me levar você em uma jornada onde arte e magia se cruzam. Na verdade, não é um local obscuro difícil de encontrar – em vez disso é, na verdade, um marco. De fato, se a interseção fosse mostrada em um diagrama de Venn, seria uma colossal ameba que cobriria o Planeta. Mas há muitos sinais enganosos que fariam você acreditar ou pensar o contrário, mesmo que esteja bem embaixo de seus pés e pulsando em seu corpo.

Uso o termo *Alquimia Visual* para descrever sucintamente o lugar onde a arte e a magia se encontram. Uma maneira de definir a alquimia visual é dizer que ela é a magia daquilo que podemos ver, combinado com os poderes daquilo que podemos fazer. Mas o que é visão? A visão é mais do que aquilo que percebemos com nossos olhos; é o que nosso cérebro escolhe transmitir para nós, os sinais de uma infinidade de sentidos compartilhando informações, junto à capacidade de imaginação.

Na maioria das formas de ocultismo, quando ouvimos a palavra "alquimia", nossos pensamentos tendem a se voltar para o conhecimento hermético e para as práticas esotéricas históricas mergulhadas em mistério. A alquimia é definida como uma ciência química medieval e a filosofia especulativa que buscava transformar metais básicos em ouro, curar doenças, adquirir sabedoria divina, assim como descobrir o segredo da vida eterna. Mas aqui, neste exemplo com a alquimia, não estamos exatamente procurando um elixir universal ou uma maneira de transformar qualquer metal em ouro. Ou estamos? A alquimia em sua essência é o estudo e a aplicação dos processos mágicos de transformação e criação, imbuídos com espírito. Com a nossa imaginação, somos capazes de transformar o pensamento em matéria, experiência, emoção e arte. A alquimia visual é o processo de transformar o pensamento (consciente ou inconsciente) em uma experiência mais tangível – seja através da arte visual, música, dança, teatro, artesanato, etc. É uma transformação que você pode ver – seja este estado visível em sua forma final de expressão, seja em como ele afeta e influencia o público.

Meu treinamento é em artes visuais. Tendemos a pensar nas artes visuais como "a arte que se pode ver" *versus* "a arte que se pode ouvir" (música) ou "a arte que se pode ler" (literatura). Mas isso é uma visão um pouco limitada de nossos sentidos e de nossas experiências – bem como da arte. Alguns de nós podem *ver* a música – as palavras e notas criando cores e formas em nossa mente. Outros *ouvem* os livros ou usam nossos dedos para *sentir* as palavras. De modo especial, a arte tem o poder de nos fazer *sentir* e não limita a percepção de ninguém, nem os sentidos tradicionais. Você pode saborear a arte, pode cheirá-la, pode ouvi-la, pode sentir a arte.

Fazer arte está enraizado na necessidade de nos expressarmos: nossas ideias, emoções, experiências. Podemos dizer também que a arte está enraizada no desejo de compartilhar essas coisas com outros, embora eu ache que a grande maioria dos artistas cria, porque precisa criar. A arte pode ser classificada como uma forma de comunicação, mas nem toda arte é criada com isso em mente. É muito mais frequente que não seja, fazer arte é mais sobre o processo de tirar a arte da nossa cabeça.

Ainda sobre a aplicação da arte, quando consideramos também como a arte pode ser vista, usada ou consumida de outra forma, algo acontece. Uma conversa é iniciada. Às vezes os artistas estão tendo essa conversa com eles mesmos: estamos tentando ter uma ideia, dar-lhe forma, resolver problemas. Outras vezes, procuramos criar mudanças em nossa comunidade, por isso nossa arte é pensada para ajudar a direcionar e estimular essa mudança, muito parecido com a forma como utilizamos a magia para influenciar o mundo ao nosso redor.

UMA SIMETRIA EXTRAORDINÁRIA

Mas quando foi que eu percebi que a arte era magia? E que magia poderia ser arte? Começou com algumas histórias – duas, na verdade, isso provavelmente teve mais impacto no meu trabalho do que qualquer outra coisa.

Eu tinha cerca de quatorze anos quando uma namorada de um dos meus irmãos me apresentou ao *Griffin e Sabine,* de Nick Bantock. Através de uma série de cartões postais e cartas lindamente ilustradas (que você pode destacar do livro e ler), o leitor é apresentado a dois artistas (Griffin e Sabine). Toda a troca tem um ar místico ou metafísico, fazendo com que o leitor se pergunte se um dos artistas está inventando o outro. Os dois se encontram em um espaço liminar fora do tempo e do lugar – ou não?

Fui atraída não apenas pelo mistério da história, mas também pela arte incrivelmente bela de Nick. A capacidade dele de retratar de maneira convincente dois estilos de arte distintos me fascinou. Mesmo além disso, ele plantou a semente de que a arte poderia ser um meio de comunicação mística de um jeito que eu não tinha pensado antes. Os livros posteriores de Nick, como o *The Venetian's Wife* e o *The Forgetting Room*, também ultrapassam os limites da criatividade, espiritualidade e conexões metafísicas, dando-me muito o que refletir.

Cresci imersa em aprender sobre História da Arte – em particular, a arte que as culturas criaram em todo o mundo, não apenas arte "clássica" ou "refinada". Eu também era fascinada pelo ocultismo, pelos mistérios do desconhecido e pelo poder dos mitos. Mas eu ainda não tinha realmente conectado os dois em minha própria arte na adolescência. Claro, eu estava usando minhas habilidades artísticas para construir projetos escolares e para ilustrar as histórias na minha cabeça. Mas ainda não tinha dado o salto para ver minha própria arte como algo mais do que fotos bonitas ou uma vitrine de alcance artístico.

A segunda história que alterou minha percepção da arte veio a mim quando eu estava prestes a completar dezesseis anos. Foi quando *Memory & Dream*, de Charles de Lint, foi lançado. Na história, uma jovem artista descobre que suas pinturas podem dar vida aos seus sonhos. Embora seja obviamente uma ficção de fantasia, a premissa do livro mexeu com o meu cérebro. Os artistas não estão realmente dando vida aos sonhos com o trabalho deles? Tiramos ideias do éter e damos-lhes forma. A arte cria e molda a realidade. Se a arte afeta o mundo, eu poderia criar uma imagem que influenciaria o que eu pinto ou desenho? O que eu poderia manifestar com meu trabalho?

Pode parecer estranho para alguns que duas histórias fictícias tenham influenciado minha arte em tal nível. Mas a ficção toca a verdade. Ela abre caminhos para se conectar com a realidade quando nossa mente ou a sociedade se fecha às possibilidades. A magia, independentemente de como é feita ou chamada, tem tudo a ver com possibilidades.

A IMAGEM FALA

Outro ponto de conexão interessante para mim com *Griffin e Sabine* foi que me identifiquei com ambos os artistas da história. Griffin é prático, lógico, pensativo, duvidoso, enquanto Sabine é apaixonada, ousada, quase como um *djinn*. Suas palavras de advertência para o medo de Griffin de preencher a lacuna entre eles ressoaram profundamente em mim: "Homem tolo. Você não pode me transformar em um fantasma só porque está assustado. Você não pode dispensar uma musa por capricho."[2] Esta última linha se tornou a primeira serigrafia que eu fiz, com as palavras emparelhadas com um anjo vingador brandindo uma espada.

Lembro-me de sentir muita raiva naquela época, e essas palavras pareciam justas. Por que ou por quem eu estava brava? O relacionamento em que eu estava, a desaprovação da minha família, a injustiça do essencialismo de gênero, a marginalização do divino feminino e da natureza? Sim. Mas em grande parte, acho que estava frustrada comigo mesma, com meus próprios medos do que poderia me tornar, ou até desaparecer, e o sentimento incessante de precisar provar ou me validar aos outros através do meu trabalho.

Quando aprendi a não me preocupar com o que minha arte poderia dizer aos outros ou o que os outros poderiam dizer sobre minha arte, a raiva começou a diminuir. Meu trabalho começou a se concentrar em explorar a conversa entre mim e a arte. Através da minha arte, eu poderia explorar o divino, criar feitiços visuais e explorar a História, bem como aspectos de mim mesma. A arte é um pouco como criar um bate-papo para ser ouvido propositalmente por outros, bem como uma discussão honesta sem se importar com quem ouve. É uma estranha mistura entre o pessoal e o público, sendo simultaneamente ocultado e exposto.

As pessoas tendem a ter muitos medos sobre a arte, muitos dos quais são os mesmos que elas têm sobre magia e rituais: que elas não são boas o suficiente, que o resultado será menos do que satisfatório, e putz, e se essa porcaria realmente der certo? Sim, é irônico que tenhamos o mesmo medo de algo dar certo e de não dar certo.

A magia começa com o pensamento. A imagem/imaginação cria sua existência e pode construir um caminho para o destino que buscamos. A arte ajuda a dar corpo, forma, cor e direção aos nossos pensamentos e como interpretar o mundo ao nosso redor. Essencialmente, a arte torna uma ideia tangível e visível. Fazer arte não é muito diferente dos complacentes feitiços mágicos que utilizam diversos ingredientes e cujas propriedades se alinham com nosso propósito.

Assim como o aroma da lavanda acalma e suaviza, seu efeito visual de linhas horizontais e ondulações suaves também acalmam. A força de um fragmento de hematita ressoa em um robusto retângulo. O sangue não

---

2 Estas palavras aparecem no final do primeiro livro da série, *Griffin and Sabine: An Extraordinary Correspondence.*

é apenas composto de células e plaquetas, ele tem também o poder de sua opacidade vermelha, que simboliza a vida.

A imagem é uma linha direta para o pensamento, assim como todas as ideias e emoções que vêm com esses pensamentos. Através da imagem, podemos falar de uma maneira que as palavras não podem expressar ou dar forma – isto é, se não tivermos receio, podemos usar a arte como nossa voz, para nos conectarmos com algo além de nós mesmos.

POR QUE CRIAMOS ARTE?

Se você pesquisar a história dos petróglifos e das pinturas rupestres de todo o mundo, as explicações para sua criação variam de "magia de caça" (aplicação de Magia Simpática ou imagens de alimentos primitivos) a propósitos religiosos "xamanísticos". Algumas dessas explicações podem certamente se aplicar a possíveis razões pelas quais nossos ancestrais criaram a arte rupestre, pois há uma riqueza incrivelmente diversificada de imagens pré-históricas, e não posso deixar de lembrar de que nosso cérebro não mudou muito em termos de tamanho ou estrutura desde aqueles primeiros desenhos. A ciência descobriu que o tamanho do cérebro de nossos ancestrais atingiu seu pico há cerca de 200.000 anos, tornando sua capacidade igual à nossa de hoje[3]. Como nossos ancestrais, rabiscamos, contamos histórias, marcamos por onde passamos, decoramos nossos espaços.

O impulso para criar arte é universal. Não acredito que nossa arte ancestral tenha sido um subproduto religioso ou supersticioso ou algo exclusivo de uns poucos escolhidos que guardavam mistérios antigos. Não era uma atividade extracurricular, mas integral. É fácil esquecer que só porque temos imagens preservadas em cavernas e esculpidas em rochas não significa que não havia arte em todos os outros lugares na vida de nossos ancestrais. Nós só temos aquilo que sobreviveu – o que estava escondido das mãos destrutivas do tempo e do clima.

Em sua tese de 2010, *Cave Art and the Evolution of the Human Mind*, Martin Paul Gray explora uma grande variedade de teorias proeminentes sobre o porquê os nossos ancestrais faziam arte rupestre. Gray fornece sólidos argumentos sobre o motivo de a maioria deles não serem bem-sucedidos. Sua teoria inclui a ideia de que "a arte na caverna era um método de transferência

3 Bruce Bower, *Human brains rounded into shape over 200,000 years or more*, Science News, 24 de janeiro de 2018, https://www.sciencenews.org/article/human-brains-rounded-shape-over-200000-years-or-more.

de informações do cérebro para o mundo, resultando em uma redução da carga cognitiva interna. Também melhorou a fidelidade da transferência de informações. E o mais importante, a arte rupestre iniciou um processo que permitiu que as mentes compartilhassem informações e ideias sem a necessidade de comunicação verbal."[4]

Martin, resumindo as teorias exploradas por Denis Dutton em seu livro *The Art Instinct: Beauty, Pleasure, and Human Evolution,* observa que "os fatores que influenciam nosso desejo de fazer arte incluem a reação a preferências estéticas, uma imaginação ativa que permite e cria um comportamento flexível para melhorar a sobrevivência, a sociabilidade e o status social, a resolução de enigmas intelectuais, demonstrações de habilidade, poder e prosperidade e até mesmo para atrair um parceiro."[5]

Essencialmente, nossos primeiros esforços criativos permitiram que o desenvolvimento mental recebesse e expressasse ideias, bem como a capacidade de resolver problemas. A arte expandiu nossa capacidade não apenas de nos comunicar, mas também de sermos criativos e de estimular nossa imaginação. Através do processo de fazer arte, construímos nossa capacidade de compartilhar, focar e trabalhar juntos em grupos, incentivando a colaboração que ajudou a nos manter vivos. A criação artística não é apenas um ponto de evolução; é uma técnica de sobrevivência.

Gray também explora as maneiras pelas quais a arte nos ajudou a desenvolver habilidades que nos permitiram prosperar como espécie:

- A arte ajuda a focar nossa atenção, que é uma habilidade necessária para aprender e se adaptar. Para criar uma imagem, você precisa ser capaz de se concentrar nela com clareza e prestar atenção aos detalhes.
- A criação artística ajuda a conscientizar o mundo e a nós mesmos, incluindo o enquadramento do tempo como passado, presente e futuro.
- Para podermos recriar o que vemos no mundo ao nosso redor, precisamos do uso da memória e a capacidade de recuperar imagens de acordo com nossa vontade. (Eles não estavam pastoreando cavalos e bisões nas profundezas das cavernas para que pudessem extrair os desenhos, especialmente cavernas com acesso tão estreito que um humano tinha que rastejar de barriga para entrar nelas.)

---

4 Martin Paul Gray, *Cave Art and the Evolution of the Human Mind* (MPhil tese, Victoria Universidade de Wellington, Nova Zelândia, 2010), https://researcharchive.vuw.ac.nz/xmlui/handle/10063/1640.

5 Denis Dutton, *The Art Instinct: Beauty, Pleasure, and Human Evolution* (Nova Iorque: Bloomsbury Press, 2009), citado em, *Cave Art and the Evolution of the Human Mind*, de Martin Paulo Grey 65.

- Fazer arte também nos ajuda a externalizar as informações do cérebro para que possamos armazená-las fora de nós mesmos. Por sua vez, essas informações, que foram transformadas em imagens, podem ser compartilhadas e salvas para outras pessoas encontrarem.
- A arte prepara o cenário para o simbolismo, pois não apenas criamos imagens, mas também somos capazes de reter internamente o significado e o propósito delas. Os símbolos nos permitem condensar e simplificar ideias para que sejam facilmente transferíveis.
- A arte fomenta a imaginação e o lúdico, que por sua vez nos permite criar novas ideias e combinações através da exploração. Abstração, distorção e estilização são resultados de escolhas conscientes que exigem planejamento e pensamento abstrato.
- Por fim, através da arte, construímos a inteligência criativa, que é a capacidade de resolver problemas imaginando soluções novas e únicas.

Mas por que as imagens são tão poderosas? Outra coisa a lembrar sobre a arte é que o desenho tem poder duradouro e muitas vezes maior universalidade do que as palavras. Como Genevieve von Petzinger observa em seu livro *The First Signs*, "Não há permanência na linguagem falada. Isso está muito ancorado no momento, na troca de ideias, depois do qual se torna apenas uma memória, que podemos ou não lembrar com precisão, e até mesmo a própria memória também enfraquece até o esquecimento."[6] Quando as palavras e o som falham, a imagem é o que ajuda a nos comunicarmos.

Se tudo isso não for incrível o suficiente para você, Marc Azéma, da Universidade de Toulouse, e o artista Florent Rivère descobriram em suas pesquisas que nossos ancestrais usavam pinturas rupestres iluminadas pela luz do fogo, basicamente como nossos projetores de filmes: "Pode-se ver que os artistas paleolíticos projetaram um sistema de narrativa gráfica que retratava uma série de eventos que aconteciam com o mesmo animal, ou grupos de animais, transmitindo assim uma mensagem educativa ou alegórica. Eles também inventaram o princípio da animação em sequência, baseada nas propriedades de constância da retina".[7]

De repente, a arte rupestre não parece tão "primitiva" e distante, não é mesmo?

---

[6] Genevieve von Petzinger, *The First Signs: Unlocking the Mysteries of the World's Oldest Symbols*, New York: Atria Books, 2016), 173.

[7] Marc Azéma e Florent Rivère. *Animation in Palaeolithic Art: A Pre-echo of Cinema*, Antiquity 86, no. 332 (junho de 2012): 316–24. https://doi.org/10.1017/S0003598X00062785.

ENCONTRANDO O PRECIOSO MEIO TERMO: ALTOS E BAIXOS NA ARTE E NA MAGIA

O que transforma alguma coisa em arte? Podemos ficar obcecados em defini-la para que possamos nos sentir melhor acerca de nós mesmos. Podemos dizer "Veja! Eu coloquei isso em uma caixa!" e permanecermos na nossa zona de conforto e domínio sobre a arte. No entanto, a arte de Schrödinger está dentro e fora da caixa, em nenhum lugar e em toda parte. A arte ri da sua caixa e a rabisca, por que desperdiçar uma boa superfície? Mas na verdade, não há nenhuma caixa.

Tanto na arte quanto na magia, você vai encontrar pessoas que desejam muito confiná-las em caixas denominadas de "alta" e "baixa":

- A ALTA MAGIA é frequentemente associada a práticas cerimoniais e a busca da espiritualidade elevada. Alguns podem se referir a isso como Magia ritual ou Magia teórica.
- A BAIXA MAGIA são considerados trabalhos mais terrenos ou de natureza mais simples, aqueles que tem uma abordagem mais folclórica, usando algumas vestimentas e que são um pouco teatrais. O foco tende a estar nas necessidades cotidianas, como cura, amor e prosperidade. No entanto, o ritual faz parte do comportamento humano e da prática mágica, independentemente de você fazê-lo usando uma veste especial ou não. Trabalhar com espíritos da terra é tão importante quanto trabalhar com divindades. O aprendizado não vem apenas de livros; deve ser aliado à experiência.
- A ARTE SUPERIOR é a arte que tem uma estética curada e é apreciada e contemplada por aqueles com o gosto mais refinado. É arte pela arte, ou arte pura em conceito.
- A ARTE INFERIOR, por outro lado, é a arte ou o artesanato para as massas, de fácil acesso e facilmente compreendida. É uma arte utilitária e não refinada ou cara.

Se você tem uma pintura de um mestre que está em um museu, mas também coloca sua imagem em gravatas, cartões postais e guarda-chuvas, o que a diferencia da arte que foi criada apenas para enfeitar seus pratos ou colchas? Quem decide o que é bom o suficiente para entrar em um museu ou galeria e o que não é merecedor disso? É realmente sobre quão boa é a arte ou é sobre quem você conhece, ou sobre o que está na moda, ou aquilo que causará alguma sensação? E a arte que é criada para ser reproduzida em um baralho de tarô ou oráculo, mas que também pode ser pendurada em uma galeria? É muito difícil dizer o que é refinado ou rústico quando você começa a pensar nisso.

Esses tipos de separação têm pouco a ver com eficácia, realização, experiência ou poder. Na verdade, eles estão enraizados principalmente em besteiras classistas e ideias exageradas e distorcidas de valor. A distinção por si só entre "superior" e "inferior" é uma tentativa de separar e julgar. É pouco provável que você vá encontrar muitos praticantes de magia ou artistas que usam "inferior" para descrever seu trabalho, mas definitivamente vai encontrar muitos mágicos e curadores de galeria que estão mais do que felizes em usar "superior" como uma descrição do que fazem. Há uma clara diferença na percepção e no apego à identidade.

Estou chamando a atenção para esta situação, porque sinto que se formou uma brecha desnecessária, que é em grande parte prejudicial à nossa criatividade humana, bem como ao nosso senso de valor. Na realidade, acho que a maioria dos artistas e praticantes de magia estão no meio termo, encontrando um equilíbrio entre o trabalho que é poderoso, mas também eficaz.

Pode parecer estranho que um artista profissional não seja fã das principais armadilhas do mundo das belas artes. Mas a associação da arte com a elite e os ricos e a ideia do que é luxo, acabou não sendo tão boa para a humanidade. A arte é para todos. O que vai parar em uma galeria ou museu depende em grande parte sobre quem está cuidando dos portões e quais mensagens eles querem enviar – e muito pouco sobre a real qualidade da arte.[8]

O número de seres criativos que se esquivaram de fazer arte, porque lhes foi dito para não fazer ou foram levados a acreditar que seu trabalho não era "bom o suficiente", é absurdo. Relacionada a isso está a mentira predominantemente contada aos jovens interessados em ter uma carreira nas artes de que eles nunca poderiam ganhar dinheiro com isso e que deveriam "arranjar um emprego de verdade". No entanto, estamos cercados por arte, artesanato e designs todos os dias.

A arte deve ser acessível. Precisa ser. Nós, como espécie e civilização, precisamos que a arte seja acessível. A valorização da arte em todas as suas formas é essencial para promover uma sociedade saudável e criativa. Quando a arte e a educação são retiradas das escolas e negadas nos espaços públicos,

---

[8] Para expandir a percepção de seus ouvidos para arte e museus, ouça o podcast *Revisionist History*, de Malcolm Gladwell, temporada 5, episódios 1 e 2.

todos nós sofremos. Precisamos, também, matar o falso estereótipo do artista faminto e substituí-lo pelo artista próspero, explorador, criador. Não precisamos sofrer para fazer arte – seja ela boa ou ótima. Isso não significa que a arte tem que ser feliz ou fenomenal. Expressamos o que sentimos no nível de habilidade em que estamos no momento, da mesma forma que fazemos magia por todos os tipos de motivos, onde quer que estejamos em nossas jornadas.

Tanto na arte quanto na magia não existe Você tem que passar pelo processo de experimentar o poder por si mesmo. O entendimento vem da prática, não do certificado. E o que é mais incrível, é que existem muitas maneiras diferentes de explorar e experimentar a arte e a magia. Você pode começar em qualquer lugar e ainda encontrar o meio termo ao longo do caminho.

O PODER DA ARTE

Uma vez que removemos a arte das caixas imaginárias que tentam classificá-la em coisas como classe, habilidade e decoração, começamos a vislumbrar a verdade: a arte é poderosa. Como eu estava trabalhando neste tema para o livro, o seguinte *tweet* apareceu no meu *feed*: "a arte não é apenas algo 'legal' que fazemos em nosso tempo de inatividade. A arte afirma nossa humanidade e dignidade, dá voz às nossas convicções morais mais profundas e ousa imaginar futuros melhores, razão pela qual os regimes autoritários temem e desprezam os criadores acima de todos os outros."[9]

ARTE É PERCEPÇÃO E REVELAÇÃO. Betty Edwards escreve em seu livro *The New Drawing on the Right Side of the Brain*, que "o desenho pode revelar muito sobre você para você mesmo, algumas facetas suas que podem estar obscurecidas pelo seu eu verbal. Seus desenhos podem mostrar como você vê as coisas e como se sente sobre elas".[10] A arte ajuda a tornar o desconhecido conhecido e chama a atenção para aquilo que temos esquecido.

ARTE É MUDANÇA E CONEXÃO. A arte muda não apenas como vemos nosso mundo, mas também como interagimos com ele. Ela traz ideias que, por sua vez, incorporam a mudança naqueles que as contemplam. A arte cria conexões entre nós e o Universo em suas muitas faces: outras pessoas, espíritos, Deuses e lugares.

---

9 *Owl! at the Library* (@SketchesbyBoze), Twitter, 4 de setembro de 2021, 10:24 p.m., https://twitter.com/SketchesbyBoze/status/1434356850737172481.

10 Betty Edwards, The New Drawing on the Right Side of the Brain. (New York: Jeremy P. Tarcher/Putnam, 1999), 248.

Arte é sobre relacionamentos. A arte torna as ideias acessíveis a um maior número de mentes, criando uma rede que cresce através do compartilhamento e da exploração. Com a arte, vemos onde a cor, a linha, a forma e o conceito se relacionam entre si, tecendo uma nova imagem. A arte nos permite transmitir ideias e emoções uns para os outros, através de vastas distâncias e culturas, diferente de qualquer outra coisa.

Arte é uma prática mágica válida. A arte é minha forma primária de Bruxaria. Minha prática de magia se comunica com a minha arte e vice-versa. Ambas contêm a ideia de arte, que não é uma coisa menor que o artesanato em si, mas uma parte intrínseca de sua expressão. Como David Bayles e Ted Orland explicam em seu livro *Art & Fear: Observations on the Perils (and Rewards) of Artmaking* "A diferença entre arte e artesanato não está nas ferramentas que você tem em suas mãos, mas no conjunto mental que as guia. Para o artesão, o artesanato é um objetivo em si mesmo. Para você, o artista, o artesanato é o veículo para expressar sua visão. O artesanato é o visível limite da arte".[11] A magia emerge de nossa mente, e a arte pode direcionar, focar, incorporar e amplificar essa energia.

A arte ajuda a construir e a melhorar sua prática mágica de várias maneiras. Aqui estão apenas treze delas:

A arte...

- desenvolve técnicas de visualização e foco para meditação e feitiços;
- promove o trabalho em grupo e a colaboração;
- ajuda a focar a dedicação ao processo e ao ofício;
- orienta você para uma melhor compreensão do ritual;
- promove a conexão com a divindade e o espírito;
- ajuda você a explorar seu subconsciente;
- embeleza o mundo, o que melhora seu humor e percepção;
- melhora suas habilidades de adivinhação;
- expande suas habilidades de comunicação e seus sentidos;
- desenvolve sua intuição e cria confiança em si mesmo;
- permite explorar novos reinos, sonhos e visões;
- ajuda a decifrar mistérios e determinar seu significado;
- cria estados de transe trabalhando conscientemente.

---

11 David Bayles and Ted Orland, *Art & Fear: Observations on the Perils (and Rewards) of Artmaking* (Santa Cruz, CA: Image Continuum, 2001), 99.

Agora que você tem uma ideia de como a arte e a magia funcionam juntas, vamos examinar a misteriosa natureza da inspiração e como ela pode ajudar você a construir sua prática.

OBSERVAÇÃO, INSPIRAÇÃO E VISÃO

De onde vem a inspiração para fazer arte? Às vezes tenho uma visão de algo que desejo capturar através da arte. Talvez "capturar" não seja a palavra certa. Eu desejo fortemente ou preciso tirar essa imagem mental e transformá-la em algo físico. Geralmente, a arte nasce de algo que eu provavelmente nunca observaria no mundo real ao meu redor, como o rosto de uma divindade ou um coração humano que se tornou o lar de uma colmeia de abelhas, que se completa com o olhar único do observador. Esses tipos de visões podem aparecer em sonhos, durante estados de transe, enquanto estou fazendo sexo ou enquanto dirijo em uma viagem. São visões espontâneas, que se tornam presentes em minha mente sem um ponto de origem claro. Elas simplesmente aparecem.

Mas há muita inspiração a ser extraída do mundo ao nosso redor. Você não está quebrado ou incapaz de fazer arte se tiver afantasia e não conseguir imaginar as coisas em sua mente. A inspiração não tem que vir até nós na forma de uma visão. Pode vir através da observação – ou através de qualquer um dos nossos sentidos. Eu posso ficar fascinada pela forma e o crescimento dos cogumelos, o olhar selvagem de uma lebre ou a releitura de um clássico mítico através de um podcast. Podemos encontrar inspiração na forma como um cômodo nos faz sentir, na imagem de uma fotografia em nosso *feed*, naquilo que apareceu na areia na maré baixa do oceano ou na textura de uma arraia manta.

Há muita beleza e magia a ser encontrada no poder de observação. Com uma visão, você está perseguindo uma ideia, muitas vezes sem uma referência específica do mundo real. Mas quando está observando algo, você tem tempo para estudar sua forma, cor, tom, movimento, etc.

Mas o que traz as visões? De onde elas vêm? "Como você consegue essas coisas?" as pessoas me perguntam. Não sinto que faço nada "especial" para receber essas visões. Considerando que muitas delas surgem de atividades completamente mundanas, eu poderia dizer que elas acontecem quando o cérebro está relaxado. Mas também podem vir em momentos de grande estresse e ansiedade, embora eu não ache que sejam geradas especificamente pelo estresse. Acho que é exatamente o oposto – o cérebro está procurando uma fuga ou diversão. Todo artista que conheço que passa pela luta rotineira de pensar: "Estou sem ideias. Nunca mais vou me inspirar, estou perdido", em seguida pega um bolinho polvilhado com açúcar, olha as cores ou a cobertura antes de levá-lo à sua boca, e de repente, *pimba*! A próxima ideia chegou de um jeito que eles nunca poderiam esperar.

Conheço muitas pessoas que tomam substâncias que alteram a mente (chá de cogumelos, LSD, etc.) para obter inspiração para sua arte. Esses trabalhos muitas vezes são compostos de cores vivas, cheios de linhas finas e veios, com abstrações incomuns sem corpos – o que me sugere que essas substâncias ativam certa parte do cérebro que gera uma resposta bastante consistente. Depois de abrir essa porta, o truque é lembrar-se da maneira de voltar a ela sem depender do uso da substância. Ou não. Não vou julgar como outras pessoas seguem ou buscam inspiração. Francamente, qualquer coisa que bebemos, ingerimos ou esfregamos no nosso corpo nos altera de alguma forma, e cada corpo reage de maneira diferente. O que é fundamental é que o corpo tem uma memória bastante poderosa, e muitas vezes podemos alcançar estados alterados após a experiência se marcarmos os portais que nos levaram até lá. Eu quero enfatizar que não há uma maneira certa de obter inspiração para "ver" coisas.

Você pode dizer: "Mas observo muitas coisas e não me sinto inspirado!" Por observação, quero dizer a arte do exame cuidadoso – não apenas ver algo, mas realmente percebê-lo. Por exemplo, quando solicitada a desenhar um olho, a maioria das pessoas desenha a forma de um olho – o que seu cérebro lembra como o entendimento básico do que é um "olho". Mas observar atentamente um olho é examinar sua forma, o espaço positivo e negativo, onde a luz incide e onde as sombras se formam. Em vez de olhar para toda a forma do olho ou cair na armadilha do símbolo do olho, você começa em um ponto e trabalha lentamente seu caminho através dele. Você começa a se maravilhar com suas partes – o tamanho da pupila, as variações na íris, os pequenos vasos sanguíneos nos cantos dos olhos, a curva dos cílios. Neste exercício, desaceleramos o cérebro e nos concentramos exatamente no que está à nossa frente. Percebemos os detalhes que compõem a imagem maior.

ARTES & TRABALHOS MANUAIS
MAXINE MILLER

Belladona, de Maxine Miller (Série Botânica Mágica)

Criar uma obra de arte é definitivamente um ato mágico. Já ouvi a expressão "recebi um chamado", mas paguei minhas dívidas com dedicação ao longo dos anos, e assim, o fluxo de ideias e inspiração sugerem que estou com crédito. Deuses? Fadas? Elementais? Seres de outro mundo à parte, preparar o palco para a criação de uma arte é tão importante quanto seria reunir os materiais certos para uma magia. Meu estúdio está configurado para ser um espaço mágico, cheio de objetos e meus talismãs favoritos – estou no meio do caminho antes mesmo de me sentar. Uma vez que o trabalho real começa, a intensa concentração criativa do meu objetivo escolhido produz o estado mais profundamente meditativo de que sou capaz de ter. (A música complementa o clima.) Enquanto olhos e mãos estão ocupados e absortos, a mente está aberta e receptiva a visões e visitas de espíritos. E eles aparecem! Considero meu trabalho uma homenagem aos meus amados espíritos, sendo o assunto em que estou trabalhando no momento específico ou não para eles. O trabalho em si é uma forma de devoção e gratidão pela inspiração que me foi dada. Sinto a conexão e o apoio de meus aliados espirituais em meus empreendimentos artísticos e sinto gratidão por eles quando meu trabalho é bem-sucedido. Se isso não é magia, eu não sei o que é.

Saiba mais sobre Maxine em www.maxinemillerstudios.com

Pense em todas as coisas que seu cérebro usa como símbolos: flores, folhas, uma onda, um inseto, um carro, um lar. Os símbolos são ótimos para expressar ideias complexas rapidamente – e é por isso que eles funcionam bem para criar sigilos. Símbolos podem ser muito poderosos, mas já são ideias condensadas. São portais para se aprofundar. Quando observamos, descobrimos os mistérios contidos no símbolo. Vamos além do superficial para as camadas internas. Abrimo-nos para receber ideias. E essas ideias querem ser vistas, ouvidas e reconhecidas.

AS IDEIAS VIVAS E AS MUSAS SAFADAS

Por alguns anos, trabalhei com moda e com outras indústrias relacionadas ao tema. Éramos constantemente pressionados a encontrar a próxima GRANDE tendência. Eu era mesmo muito boa em prever tendências, o que chamou minha atenção em várias viagens ou me inspirou pessoalmente, mas eu odiava o fenômeno do impulso corporativo das imitações. Assim que alguém descobre que algo vende, todo mundo quer surfar aquela onda.

ARTES & TRABALHOS MANUAIS
RACHEL, A BRUXA PICKETY

Acredito que a verdadeira arte vem de sua própria magia e espírito. Eu cresci assistindo o filme *Kiki's Delivery Service*, e há um diálogo nele que me acompanha desde que eu era muito pequena. Úrsula e Kiki estão falando sobre encontrar seu próprio estilo. Ursula está falando sobre perder sua vontade de pintar, embora ela adorasse: "Sabe, eu não sabia o que ou por que eu queria pintar. Tive que descobrir meu próprio estilo. Quando está voando, você confia no que está dentro de si mesmo, não é?" Kiki concorda e diz: "Nós voamos com nosso espírito". Ao que Úrsula responde: "Confiando em seu espírito! Sim, Sim! É exatamente disso que estou falando. Esse mesmo espírito é o que me faz pintar e faz seu amigo cozinhar. Mas cada um de nós precisa encontrar sua própria inspiração, Kiki".

Pelo que sei, arte e magia andam de mãos dadas. Você manifesta um pote de barro em uma roda ou traços em uma tela da mesma forma que manifesta feitiços. Seu espírito trabalha através de você em ambas as instâncias. Você olha para dentro e se pergunta o que precisa ou o que o faz feliz, e o que seu mundo precisa e o que você pode trazer para o mundo.

Como uma praticante de magia procurando explorar a arte, eu olharia para dentro e criaria obras baseadas no que amo e acredito como se fosse um feitiço. Sua inspiração vem de suas paixões ou por meio daquilo que o atrai. Sendo um artista que procura fazer magia, veja seu trabalho com a emoção e os significados que ele incorpora. Use isso em sua magia e feitiços.

Saiba mais sobre Rachel em www.thepicketywitch.com e @thepicketywitch no Instagram

Uma Trança de Corvos, de Rachel Bedell, A Bruxa Pickety

ARTES & TRABALHOS MANUAIS
KERRY A. HORINE

Odinn com Huginn e Muninn, de Kerri A. Horine

Passei a maior parte da minha vida criando e habitualmente dando forma e corpo para as histórias em minha imaginação. O processo parece mágico, começando com a intenção e se desdobrando em etapas. Ultimamente, esses passos são como um ritual que segue a mesma ordem. Eu construo cada camada como seu próprio espaço, e as contemplo antes de progredir. O uso de camadas tem sido a mais satisfatória mudança na minha pintura e desenho. Cada etapa aparece totalmente dependente de uma combinação de materiais e ações. Cada marca muda o trabalho e eu tenho que reagir a isso de um jeito ou de outro. Ao contrário de todas as outras áreas da minha vida, aprendo através do trabalho das minhas mãos. Embora siga os passos, não sei exatamente o que vou fazer a seguir. Eu devo estar atenta ao processo e disposta a deter minha tendência a pensar demais. Há um ponto nessas etapas que sei que aquilo está pronto, acho essa revelação muito interessante, porque às vezes me pergunto: "Será que algum dia estará terminado? Não vejo como". A aparência de uma composição coerente usando tantos materiais e camadas ao longo de um período é surpreendente quando considero a superfície em branco que era no início.

O resultado também pode se qualificar como mágico, pois eu coloco as peças no mundo. Embora já tenha feito muitas mostras, levo a sério as redes sociais como forma de divulgação das imagens. Eu não falo muito sobre minhas intenções, mas as pinturas são como dimensões ou portas. Gosto de pensar que o trabalho tem um efeito sobre quem o vê, seja em uma mostra ou em uma tela. No geral, para mim a arte tem sido uma verdadeira pausa do ordinário e do mundano.

Encontre mais sobre Kerry no Instagram @kerrihorine

Mas é realmente assim que as ideias são propagadas? Do ponto de vista do marketing, talvez. Mas acho que há algo mais sutil acontecendo. Porque vez ou outra, eu via pessoas a milhares de quilômetros e comunidades distantes desenvolvendo ideias semelhantes. A capacidade de uma tendência aparecer simultaneamente sem uma influência óbvia de liderança em comum é um fenômeno que gosto de atribuir às "Musas Safadas"[12]. Os cientistas se referem a esse fato em sua comunidade como "múltipla descoberta", embora eu seja parcial com o termo que prefiro usar. Não estou particularmente interessada na ideia grega de seres personificados que trazem inspiração aos seus respectivos gêneros, mas obviamente algo que age com inteligência está acontecendo. Deve-se observar que as Nove Musas das artes e das ciências são filhas de Zeus e Mnemósine, a Deusa da Memória. Como vimos anteriormente neste capítulo, a arte ajuda no desenvolvimento da memória e na retenção de ideias. "O que é lembrado vive" é uma bênção que honra não apenas os mortos, mas também as

---

12 Somos a favor do sexo por aqui, pessoal, então estamos celebrando a promiscuidade consensual, sem condená-la (com ênfase na sensualidade também).

divindades, os espíritos e, bem, as ideais. Ser lembrado é ser conhecido, considerado de alguma forma. Acho que as ideias só querem nascer, e vão tentar tantas portas quanto forem possíveis para serem semeadas. Como artista, isso sempre fez sentido para mim.

Então provavelmente não é nenhuma surpresa eu quase ter perdido meu proverbial senso de magia enquanto lia *Big Magic: Creative Living Beyond Fear*, de Elizabeth Gilbert, e cheguei à parte em que ela descreve as ideias como entidades: "Acredito que nosso Planeta é habitado não apenas por animais e plantas, bactérias e vírus, mas também por ideias. As ideias são uma forma de vida enérgica e sem corpo. [...]. As ideias não têm corpo material, mas têm consciência e certamente têm vontade. Ideias são movidas por um único impulso: serem manifestadas. E a única maneira que uma ideia pode ser manifestada em nosso mundo é através da colaboração com um parceiro humano".[13]

O conceito de que as ideias são vivas e conscientes pode parecer estranho para algumas pessoas, mas sou uma Bruxa. Falo com coisas "inanimadas" diariamente e comungo com espíritos de plantas e animais bem como com edifícios e oceanos. Tenho conversas sarcásticas com divindades e crio símbolos mágicos.

Minha visão do mundo é altamente animista, informada por uma vida inteira de experiências. Então, sim, eu acredito sinceramente na força consciente das ideias e em todas as suas peculiaridades e truques. Trabalhar com elas pode ser um passeio incrível pela sua mente e pelo mundo.

Não acredito no ditado "Não há novas ideias". Eu sei que muitas pessoas (especialmente artistas) ficam presos ao pensamento de que: "Mas essa ideia já foi feita". O fato é que essa ideia não foi feita ainda por *você*. Quem se importa se alguém já fez isso se você mesmo ainda não experimentou?[14] Trazemos ideias para o mundo e as exploramos para nosso próprio benefício ou para o dele? A resposta é sim para ambos e para todos os itens citados anteriormente.

---

13 Elizabeth Gilbert, *Big Magic* (New York: Riverhead Books, 2015), 34–35.

14 A menos que você esteja violando a lei de direitos autorais/direitos de propriedade intelectual e esteja deliberadamente roubando a arte de outra pessoa para ganhar dinheiro rápido. Se for isso, então você pode cair fora agora. O que estamos falando aqui é de explorar ideias para seu próprio bem e crescimento. Você nunca vai desenhar pessoas nuas, flores ou cenas oceânicas demais. Sim, já foi feito isso antes, mas não por você. Não apenas isso, você pode passar a vida inteira desenhando um único tema e ainda encontrar algo novo para expressar sobre o assunto.

Um Ritual para Atrair Inspiração

Se quiser atrair o espírito da inspiração, você pode montar um altar em homenagem para a sua musa favorita, seja uma das musas gregas clássicas ou seu artista, músico, escritor ou líder comunitário favorito. Ou se você está procurando inspiração em geral, pode preparar um pequeno Caldeirão de Inspiração em sua caneca ou copo preferido. Para mim, isso seria uma caneca de chá, mas você certamente poderia usar água, café, ou o que quiser.

Para este ritual você vai precisar de:

- Sua caneca, xícara ou copo favorito (será como seu mini Caldeirão)
- Uma colher ou palito de mexer café
- Sua infusão ou bebida favorita

Prepare e despeje a bebida como faria normalmente. Em seguida, pegue sua colher ou palito e mexa o líquido três vezes no sentido anti-horário enquanto diz:

EU AFASTO TODOS OS BLOQUEIOS E BARREIRAS DA INSPIRAÇÃO.

Agora mude a direção e mexa três vezes no sentido horário, dizendo:

EU DESTRAVO MINHA MENTE PARA NOVAS POSSIBILIDADES E IDEIAS.

Por fim, mude a direção mais uma vez e mexa novamente no sentido anti-horário, concluindo com:

EU ABRO OS PORTÕES PARA RECEBER AS MUSAS.

Tome um gole e diga:

ASSIM SEJA!

Comece a trabalhar.

O MEDO É UM DESTRUIDOR DE ARTES

As pessoas têm muito medo da arte. Muitos desses bloqueios as impedem de explorar a arte como um canal e vê-la como algo além do que fica bem em suas paredes. Espero já ter lhe mostrado um vislumbre dos benefícios do que a arte pode fazer por você. Eu gostaria de eliminar qualquer medo residual antes de passarmos para o processo de criação artística.

Quero que você questione suas noções anteriores sobre arte. Sim, a arte pode ser decorativa. Uma pintura pode combinar muito bem com seu sofá ou criar um ponto visual calmante em um ambiente estressante como a sala de espera de um hospital. A arte não precisa ser confinada a galerias e museus, mantida em molduras sofisticadas e colocada em pedestais elevados. A arte pode representar o passado e documentar o presente. Pode ser um veículo para o ego ou uma caixa de som para uma mudança social.

Muitas pessoas acreditam erroneamente que para fazer arte é preciso ser um *artista*, ou seja, alguém muito proficiente, elogiado pela sociedade e guiado pela vocação. A constante insistência de nossa sociedade de que o que você faz deve gerar lucro ou ser altamente qualificado para ser considerado valioso é uma besteira capitalista. Você não precisa ser um artista para realizar uma arte poderosa e mágica.

Outro receio é de que sua arte tenha claramente um *significado*. Nem toda arte tem que ser monumental. Nem sempre tem que *significar* alguma coisa. Ao invés disso, concentre-se no processo e não na linha de chegada.

ARTES & TRABALHOS MANUAIS
K. A. LAITY

A arte é muitas vezes reprimida nas crianças à medida que envelhecem: a magia também. O que veio naturalmente para mim quando criança – criação, transes, magia – foi desencorajado à medida que amadureci. Como muitos artistas, eu não deixei aquela criança dentro de mim morrer, eu a escondi e continuei sendo fiel ao seu jeito de ser. Quando aprendi o Xamanismo (da parte Ocidental, dos brancos) inicialmente fiquei desapontada ao descobrir que já sabia fazer essa viagem. À medida que abracei a magia na idade adulta, também passei a aprimorar e a refinar minhas habilidades da infância.

Hexágonos de Sucesso, de K. A. Laity

O trabalho dos sonhos é particularmente potente para mim quando se trata de fazer arte. É meu costume definir intenções à noite para resolver problemas ou remover obstáculos e, através dos sonhos, acordar com a solução que preciso para seguir em frente. Isso foi especialmente necessário quando muito da minha arte estava adormecida: a única arte que eu me "permitia" fazer era escrever.

Nos últimos anos, recuperei minha capacidade de fazer qualquer porcaria de arte que quisesse, e muitas vezes é apenas uma questão de sair deste mundo mundano para os reinos intermediários para encontrar as peças faltantes de um trabalho em andamento. Às vezes elas vêm de uma só vez, às vezes aos poucos. Billy Martin (o autor antes conhecido como Poppy Z. Brite) certa vez se referiu à escrita como cair por um buraco na página. Eu gosto de deixar isso de lado e pensar em encontrar a arte (como meu parceiro Mark diz) com a cabeça "no mundo da lua".

Saiba mais sobre K. A. Laity em kalaity.com

Outras pessoas temem que sua arte revele muito sobre si mesmas para os outros, que mostre ao mundo o quão estranhas elas são de verdade. Eu vejo esse problema assim: eu posso gastar energia tentando me encaixar, para ser alguém que não sou, para fazer os outros se sentirem melhor, ou posso usar essa energia para me expressar, que é um melhor uso do meu tempo e criatividade. Há um ditado que diz que "a arte pode perturbar o confortável e confortar os perturbados". Acho que "perturbado" é um termo um pouco pesado[15]. A arte provoca o pensamento, e o pensamento provoca a arte. Você não pode controlar o que os outros pensam sobre sua arte, mas pode influenciá-los.

E quanto ao medo de que sua arte possa revelar algo sobre você que supostamente não deveria ser revelado, está preparado para isso? Como Bruxa ou praticante de magia eu lhe pergunto, você está preparado para os resultados da magia que pratica? Provavelmente você está preparado para a maioria deles, mas não para todos, e se houver resultados inesperados, você pode aprender com eles e ajustar sua condução. O mesmo acontece com a adivinhação: nós nem sempre esperamos as respostas que podemos obter de nossas cartas ou pedras – muito pelo contrário! Estamos idealmente procurando recebê-las com clareza, não a confirmação do que achamos que aquilo fosse. Ganhar experiência e abrir os olhos para diferentes cenários nos capacita a crescer e a superar nossos medos. Fazer arte é uma ótima maneira de vencer o medo. A arte nos ajuda a dar forma ao desconhecido, o que nos permite ver com mais clareza. Além disso, seja como for, aquilo que faz você se sentir despreparado, provavelmente vai sair de uma forma ou de outra. É muito provável que saia em forma de arte.

Outra preocupação é que quando você mistura arte e magia, a obra pode carregar consigo a energia de alguém ou alguma outra coisa – esteja você comprando ou vendendo a arte mágica. Quando faço sigilos ou pinturas mágicas para as pessoas, vejo isso simplesmente dando forma ao que aquela pessoa já estabeleceu. Eu sou uma assistente no processo de criação, não a autora. Minhas pinturas de espíritos e divindades não são essas entidades em si, mas portais para explorá-las. Se o comprador desejar se envolver nesse nível, eles podem. Claro, cada trabalho envolve meu foco e energia, mas também passo muito tempo projetando joias para o mercado de massa. Não estou vendendo pedaços da minha alma, mas simplesmente o resultado da minha imaginação. O que o usuário final faz com uma

15 Não estou julgando, o ditado é bom.

pintura ou peça de joalheria agora é sua própria conexão a ser explorada. Eu não cometo (ou tento não cometer) o erro de confundir minha arte comigo mesma.

Por fim, há o medo da falta de talento, o medo de simplesmente não ser tão bom em fazer arte. A sociedade gosta de enquadrar o talento como algo incrível, especial - e até, ouso dizer, mágico. Dizem que as pessoas "nascem talentosas" ou "possuem grandes talentos", como se não houvesse um trabalho real envolvido, o que é outra mentira sobre as artes. Quando você está interessado em algo, é bem provável que gaste uma boa quantidade de tempo aprendendo sobre aquele assunto e se dedicando a fazer aquilo. Isso se tiver a oportunidade de fazê-lo.

Sou artista, por que meus pais também tinham inclinações artísticas? Talvez. Mas meus irmãos não gostam de arte. Todos os seus filhos, no entanto, têm interesses que vão de médio a forte pelas artes. A predisposição pode estar lá, mas o principal fator de conexão é que meus pais e meus irmãos reconheceram quando uma de suas crianças se interessava pela arte e ajudaram a guiá-la nesse caminho. Se os pais, tutores ou colegas não valorizam a arte, mesmo que a pessoa mostre uma grande aptidão para desenhar, tocar música ou atuar, é provável que haja muito menos apoio e oportunidade para ela desenvolver suas habilidades.

Mas a grande notícia sobre as artes é que, enquanto você estiver vivo, ainda há a oportunidade de explorar ainda mais seus interesses. Não há limite de idade para a criatividade. Invista no que você valoriza. Com as artes, o retorno do seu investimento é significativo.

Ao fazer qualquer tipo de arte, o mais difícil é manter a própria visão; permitir-se explorar plenamente um conceito sem comprometê-lo ou se apegar excessivamente a ele por proteção. Pode ser mais fácil direcionar seu caminho para o que é familiar e ser aceito pelos outros, abandonando sua própria voz e imaginação para se perder em um mar já antes navegado. Igualmente difícil é o desafio de encontrar a linha entre criar um ritmo sólido e a repetição estagnada. Você também deve dar a si mesmo um espaço para mudar conforme necessário, para continuar a jornada de descobrir o que faz de você ser *você* e da arte ser *arte*. Fazer arte não é sobre criar arte pela arte, mas criar arte para nosso próprio bem.

A Criadora de Mitos, uma Personificação do Poder das Histórias e da Arte para Criar Nossa Realidade (Pintura Acrílica em Painel de Bétula, desta Autora, 2022)

Capítulo 2

HISTÓRIAS DE SÍMBOLOS

Artistas revivem velhos mitos e geram novos. Porque suas fontes primárias são espirituais, não materiais, eles podem ter uma visão mais clara. Pelo uso de mitos, os artistas colocam a sociedade em contato com questões e sentimentos básicos universais que todos temos sobre a vida.

– Audrey Flack, *Art & Soul*

Os símbolos podem não falar em palavras, mas contam uma história. O truque é descobrir como ouvi-los, pois seu vocabulário é composto por figuras que se comunicam com nossos sentidos. Para iniciar o processo, exploraremos como a arte e a magia funcionam por meio de sigilos. Encontramos camadas de significado codificadas em como formas e símbolos dançam em nossas mãos à medida que os criamos. A partir daí, você vai aprender a desenhar seu próprio códice pessoal de símbolos, bem como expandi-lo à medida que vai construindo sua intuição.

ENTRANDO NA MATRIX:OUTRA MANEIRA DE PENSAR SOBRE COMO OS SIGILOS FUNCIONAM

Em *Magia de Sigilo*, eu explico como o processo de desenhar nos ajuda a acessar o pensamento cognitivo no centro superior do cérebro, que ajuda na memória, na compreensão e na visualização. Também incluo uma exploração superficial sobre magia. Para este livro, estamos prestes a ir mais fundo conceitualmente ao considerar sigilos como "trabalhos mágicos".

Vamos começar com a Magia Simpática, que atrai associações e conexões, seja pelo conceito de que "semelhante afeta semelhante", seja pela interação microcosmo-macrocosmo, seja por relações estabelecidas de outras formas. O folclore diz que isso é verdade sobre a planta X ou a pedra Y, e muitas pessoas acreditaram na associação de que uma conexão foi criada. Muitas vezes há algum tipo de conexão inicial que despertou esse folclore, mas nem tudo está enraizado em algo prático ou quimicamente verdadeiro. Às vezes, as associações acontecem por desinformação – por exemplo, uma palavra que é mal pronunciada, mal interpretada ou mal lida. Essa palavra alterada pode ficar e se tornar parte da cultura, assumindo outro significado. Os erros podem nos encantar e ganhar uma vida totalmente nova. O que importa, no final, é que quando pensamos/usamos/dizemos determinada coisa, isso cria uma associação visual ou mental à qual nosso cérebro responde. Os ingredientes se tornam trampolins para a criação desse quadro maior.

No meu método de criação de sigilos, o processo de *brainstorming* é onde o trabalho pesado da magia acontece. Esses elementos de *brainstorming* são os ingredientes do seu feitiço que o ajudam a visualizar o resultado. São o mapa geral para onde se quer ir. Quando você os associa com símbolos, está essencialmente marcando a rota para aquele destino de forma que o seu cérebro dê o tranco. A magia começa com o pensamento. Quanto mais específicos forem esses pensamentos que vão ajudar no processo de representação, mais direto o caminho pode se tornar.

O sigilo é o resultado combinado desses pensamentos e o seu foco. É como criar uma chave para uma porta que você nem sabia que existia, e que agora a localizou. Mas como saber que aquele sigilo é o certo? Simples, é quando seu cérebro tem aquele reconhecimento de "Ah, isso é bom! Sim, faça assim!"

Bem, considere estradas e rotas. Para poder percorrer um caminho, você precisa ser capaz de dirigir ou caminhar nele, seguir as placas, ter gasolina suficiente e/ou suprimentos necessários para ajudá-lo a chegar lá. Isso significa trilhar o caminho, conhecer a rota e estar preparado. Existem certos elementos que compõem uma boa estrada ou trilha *versus* uma rota que é mais difícil de percorrer. Você já se preparou, então é mais fácil reconhecer o caminho.

Outra maneira de ver isso é um pouco mais mística, mas também científica. O Universo é feito de formas. De partículas e células subatômicas a ondas de luz, fractais e galáxias, tudo tem uma estrutura. Costumamos usar essas estruturas para ajudar a identificar associações, como "esta flor parece um pulmão, portanto, pode ajudar com doenças pulmonares", e às vezes realmente ajuda! Tudo ao nosso redor e em nós tem um padrão.

COMO O PADRÃO, A FORMA E A MATEMÁTICA TRABALHAM COM A METAFÍSICA

A geometria, como normalmente aprendemos na escola, não parece ter muitas aplicações no mundo real, pois recebemos fórmulas para memorizar sobre o cálculo da circunferência e do cosseno. No entanto, a geometria é um meio de descrever a forma e a estrutura do Universo. Círculos, triângulos e hexagramas são modelos que usamos como guia. Em um nível mais profundo, o Universo é muito mais orgânico, rítmico e mais padronizado do que a geometria básica nos levaria a ver. O que pode parecer aleatório por natureza é, na verdade, parte de um padrão maior (e menor). A forma e a distribuição das folhas em uma planta são influenciadas por sua estrutura celular, que é determinada por seu DNA, que é composto de moléculas de proteína construídas de átomos e partículas subatômicas, bem como o espaço entre todos esses elementos.

No método Magia de Sigilo, usamos formas, linhas e outras marcas para simbolizar o que buscamos realizar. Os números entram em jogo, ajudando a criar significado e padrão. É possível conceber que o sigilo resultante é semelhante a um fractal – parte de um padrão que se prende a uma solução maior. Outra razão pela qual esse método pode funcionar tão bem, é que estamos inconscientemente digitando o padrão do Universo que estamos procurando influenciar. Nosso cérebro reconhece a forma e define a equação em movimento. O sigilo coincide ou trava dentro do padrão desejado, criando uma conexão.

Temas e padrões nos fazem sentir emoções – segurança, excitação, ansiedade, relaxamento – tudo dependendo dos componentes de que são feitos e como estão dispostos no espaço. As cadeias padronizadas de proteínas, a repetição de células em nossos ossos e músculos e a coleção espiralada de genes em nossos DNA determinam a função, a forma e o design do nosso corpo. Símbolos e marcas são inseridos e desbloqueiam a estrutura do Universo. Essa teoria é profundamente mística? Talvez, mas como artista e alguém que observa a natureza e a ciência, não me parece muito estranho que criar símbolos seja um meio de nos ligarmos aos padrões do Universo de uma maneira que nos dá um pouco mais de controle. É uma oportunidade de nos tornarmos parte da história e, talvez, até narrá-la

A HISTÓRIA DO SÍMBOLO

Percebi que meu cérebro funciona melhor quando conto histórias. Quando estou criando arte, estou contando histórias. Estou pensando não apenas na representação do tema, mas também em como os símbolos e as cores formam uma relação. Estou contando uma história para mim mesma, para o espectador, para os próprios materiais. O mesmo acontece com a dança. Eu me pergunto que história a música está contando e como eu poderia traduzir isso através do meu corpo. Mesmo em algo tão "não artístico" como a matemática, estou considerando as relações dos números. Qual é o processo de como elas chegam lá ou como se combinam? Que tipo de relação está sendo explicada ou relacionada pelos números e símbolos?

Nosso cérebro processa as coisas de maneira diferente. Você pode não pensar em histórias como eu, mas costumo pensar que nosso cérebro está preparado para histórias. É por isso que mitos, contos de fadas e histórias de fantasmas são tão intrigantes e tão duradouros. As histórias que contamos aos nossos filhos têm fundamentos de moral, ética, e habilidades de resolução de problemas. As histórias transmitem essas ideias de forma mais eficaz do que as regras. Como Brian Boyd, um Distinto Professor da Universidade de Auckland, na Nova Zelândia, explica em seu livro *On the Origin of Stories*, "A ficção, como a arte em geral, pode ser explicada em termos de um jogo cognitivo padronizado – neste caso, com padrões de informação social – e em termos da importância única de atenção humana compartilhada".[16] Histórias prendem nossa atenção de maneira mais eficaz, promovendo uma resposta que constrói relacionamentos conceituais.

Quando leio o Tarô para outra pessoa, muitas vezes recorro a histórias para ajudá-la a se relacionar melhor com o que está acontecendo. A pessoa comum provavelmente não conhece o simbolismo por trás do Sete de Espadas, mas se eu explicar a situação com uma metáfora ou mito, elas de repente percebem onde estão na história.

---

16 Brian Boyd, *On the Origin of Stories* (Cambridge, MA: Belknap Impresso na Universidade de Harvard, 2009), 130.

A história faz parte de processos como o da tecelagem, reunindo os elementos que criam um padrão maior. Histórias nos fornecem lugar, tempo, significado e emoções. Se olharmos para os símbolos como elementos de uma história, podemos nos relacionar mais profundamente com eles. Para onde esse personagem vai nessa situação? O que precisa ser mudado? Como ele se relaciona com esse outro personagem? Como um ator, ele pode assumir diferentes papéis enquanto mantém a mesma aparência.

Uma história não precisa ser complicada, com um contexto de fundo elaborado e personagens complexos. Ao invés disso, é mais como um rápido e pequeno bate-papo que nos dá um vislumbre do que é possível. Vamos pegar três formas diferentes – um círculo, uma linha horizontal e uma lua crescente – e considerar como seus significados podem mudar dependendo da história que queremos contar.

*Um círculo, uma linha e uma lua crescente**

Aqui estão os significados dos símbolos individualmente:

- Círculo: comunidade, lua cheia, recipiente, divindade, totalidade.
- Linha horizontal: linha de base, solo, menos, borda, passo, estrada.
- Lua crescente: cesta, crescente ou minguante (crescimento ou libertação), chifres, coroa, alcance.

E aqui estão cinco cenários possíveis para uma composição usando estes três símbolos:

1. O círculo posicionado no topo da linha, com a crescente no topo voltada para cima.
2. O círculo posicionado no topo da linha, com a crescente na parte inferior voltada para baixo.
3. A linha que divide o círculo, com uma crescente na parte superior e outra na parte inferior.
4. A linha que divide o círculo, com uma crescente de cada lado.
5. A linha colocada no terço inferior do círculo, com a crescente dentro do círculo.

**N.T.: observe que no Hemisfério Sul, a lua crescente aparece no céu no sentido oposto do que aqui está sendo demonstrado. Leve isso em consideração na hora de criar seus sigilos.*

Cinco cenários possíveis para uma composição usando os mesmos três símbolos

Agora vamos considerar o que cada um desses cenários pode significar. Observe que cada narrativa é simplesmente uma possibilidade, não a definitiva.

1. Rolamento suave: o círculo representa a comunidade em uma base sólida, capaz de se mover suavemente em várias direções. A crescente no topo representa a coleta de recursos ao mesmo tempo que também é protegido. Onde quer que o conjunto vá, a crescente se move com ele, ficando no topo.

2. Equilíbrio e refinamento: este agrupamento parece nosso círculo tentando alcançar um sentido de equilíbrio. A crescente está funcionando como uma válvula de liberação (para soltar algo indesejado), mas também sugere mobilidade, com as pontas da crescente atuando como pés. A linha pode ser braços estendidos para fora ou pode representar uma equação, reduzindo algo às suas partes essenciais.

3. Encontrando-se no centro: aqui nos lembramos das imagens clássicas da "triluna", representando as luas crescente, cheia e minguante, mas elas estão alinhadas verticalmente ao invés de horizontalmente. A crescente superior está trazendo o que é desejado, enquanto a crescente inferior libera o que não é mais

necessário. A linha no centro cria uma barreira ou ponto de marcação – nosso círculo está meio vazio, meio cheio. A linha também pode representar estender a mão e tentar encontrar um centro de equilíbrio.

4. Mensagem de entrada (ou saída): a triluna está situada na tradicional posição horizontal, mas essa linha centralizada cria três elementos de interligação. As luas crescentes e minguantes se estendem para fora. Elas poderiam estar ouvindo e puxando informações em direção ao centro, ou podem estar falando e direcionando essas informações para longe do núcleo.

5. Mantendo-se à tona: há vários fatores sutis em jogo aqui. Existe uma mudança de escala na crescente, que foi movido para dentro do círculo. A linha é colocada na parte inferior do círculo em vez de estar no centro. A crescente menor se parece com um barco navegando na superfície da água, e o círculo se torna uma lua ou sol circundando e refletindo o barco. Poderíamos ver a crescente representando nossas esperanças e aspirações sendo colocadas em um mar calmo e cercado de proteção.

Existem muitas outras composições e histórias relacionadas que poderíamos inventar, mas isso deve dar-lhe uma noção sólida da variedade possível com apenas alguns símbolos básicos e como eles são orientados um para o outro. Lembre-se, não há uma interpretação verdadeira. Ao artista austríaco Gustav Klimt é amplamente atribuída a frase "A arte é uma linha em torno de seus pensamentos". Seus pensamentos e a interpretação resultante do que você experimenta é a raiz de sua arte e seu significado.

MOVIMENTO DOS SÍMBOLOS

Como decidir o significado de um símbolo? Eu considero o movimento envolvido ao fazer isso, bem como o efeito visual geral e a sensação que tenho ao olhar para ele. Isso me ajuda a elaborar a história que desejo contar. Depois de ler a seção a seguir, você será capaz de entender como encontrar o movimento dos símbolos no seu próprio trabalho.

A Forma do Movimento

No Capítulo 2 do *Magia de Sigilo*, apresento uma variedade de marcas e símbolos comuns que podem ser utilizados para criar sigilos. Para cada um, compartilho algumas interpretações e possíveis significados, e muitas vezes falo sobre a energia do símbolo.

Grande parte das pessoas só querem saber o significado de um símbolo para poder usá-lo. Mas como ou por que um símbolo tem determinado significado? A resposta geralmente está na maneira como o símbolo é feito e a impressão visual que ele causa depois de concluído. Além disso, entender o motivo de uma marca ou símbolo ter determinado significado, facilita a ter maior sucesso ao usá-lo.

Muitas marcas e símbolos são universais em sua aparência, ou em seu significado exato. Há uma razão pela qual você encontrará marcas e símbolos semelhantes em todo o mundo. Na verdade, existem várias razões importantes:

1. Temos uma ancestralidade comum. Embora os significados dos símbolos possam e irão diferir em culturas, gerações e plataformas, há uma parte do nosso DNA que lembra quando fizemos os primeiros desenhos milhares e milhares de anos atrás.

2. Os humanos desenham o que percebem do mundo ao seu redor. Temos uma curiosidade natural de descobrir e imitar movimentos quando crianças. Com tinta ou canetas marcadores, fazemos pontos, linhas, espirais, círculos, crescentes, triângulos, traços, ziguezagues e hachuras sem pensar muito. Quer isso seja um fenômeno entóptico surgindo da nossa mente, quer seja os padrões presentes em nossas roupas, paredes ou na flora e na fauna, somos atraídos para criar. São blocos básicos de construção da vida, do Universo, do movimento.

3. Esses desenhos fascinam nosso cérebro e reconhecemos a sensação quando os desenhamos com nosso corpo. Um símbolo é a captura da energia em movimento – como uma fotografia. É uma maneira de nos expressar que é comumente compreendida em vários níveis.

4. Como espécie, adoramos ver o que nossos vizinhos e amigos estão fazendo, pois é uma técnica de sobrevivência arraigada. Comunicação

compartilhada pode significar sobrevivência compartilhada, bem como aprender novas e melhores maneiras de fazer algo. Em culturas saudáveis, a informação flui nos dois sentidos.

5. Símbolos semelhantes são encontrados em culturas ao redor do mundo devido ao fenômeno das diversas descobertas, também conhecidas como "Musas Safadas".

Com tudo isso em mente, lembre-se de que o significado de um símbolo depende de você. Sua experiência pessoal desempenha o maior papel na criação do significado. Tudo o que você precisa fazer é olhar para o desenho hachurado para ver como a época, o conhecimento e a experiência afetam seu significado. Para o seu avô, é um sinal de libra. Para uma criança, é um tabuleiro de jogo da velha. Para um músico, é um sinal sustenido. E graças a internet, a maioria das pessoas agora o reconhece como uma *hashtag*.

Mas antes de entrarmos nos significados, reserve um tempo para descobrir o movimento das marcas com os seguintes exercícios.

Desenhe a Música

Para este exercício, você vai precisar de um bloco de papel jornal de tamanho considerável (pelo menos 35 por 43 centímetros), um marcador (de preferência não tóxico) e acesso à música.

Eu ensino um curso intensivo de dança chamado *Museum Quality Dance*. Nele, utilizo técnicas de artes visuais para ajudar os dançarinos a elaborarem danças mais artísticas e inspiradas. Um dos exercícios que fazemos envolve dar aos dançarinos grandes blocos de papel jornal e canetas marcadores. Então coloco vários tipos de música e peço que desenhem o que ouvem usando linhas e símbolos, mas sem imagens identificáveis. Se houver uma pausa ou a música for interrompida, eles podem parar ou levantar o marcador do papel. Podem desenhar espirais, linhas para um solo de violino ou sustenido, ou sinais curtos para um recurso de bateria sincopada. Talvez haja um tema repetido para uma melodia que volta repetidamente. Para os dançarinos, isso lhes dá uma indicação visual de como a música se parece e, por sua vez, como traduzi-la para seus corpos. A música parou? Tempo para eles posarem ou pausar seus movimentos. Um violino pode se traduzir em um ondular de braços, movê-los em espiral na altura do peito ou fazer círculos com os pulsos. Essa prática os ajuda a aprender a ouvir a música com mais atenção e decidir quais movimentos se encaixam melhor na melodia. Também desenvolve suas habilidades de improvisação.

Embora também possa usar este exercício para encontrar movimentos de danças para sigilos, minha sugestão aqui é colocar uma música e fazer a parte do desenho do exercício. Se for uma música que você conhece muito bem, certifique-se de realmente ouvi-la, em vez de antecipar o que está por vir. Você poderia escolher uma música que nunca ouviu antes, mas ajuda ter pelo menos um pouco de conexão emocional com a música, para que possa incluir o sentimento em seu desenho.

Foque no momento e veja o que flui através de sua caneta. Usar um marcador grosso é bem útil para que possa ver claramente as marcas que fez. Um lápis ou marcador mais fino pode acabar, quebrar ou ser difícil de ver. O que este exercício faz para o criador de sigilos é ajudá-lo a sair de suas formas e linhas do cérebro com base no que você ouve – seja letra, seja ritmo, seja melodia. Diferente dos dançarinos, você pode optar por desenhar formas mais reconhecíveis, mas certifique-se de evitar fazer imagens ou cenas reais. Você não está desenhando uma paisagem ou fazendo um retrato; está extraindo formas e marcas inspirado na música. Você também não quer gastar muito tempo desenhando uma forma e tornando-a perfeita. Procure continuar se movendo com a música. O resultado provavelmente será confuso, embora ajude se trabalhar em estrofes, preenchendo o papel em linhas serpentinas. Dessa forma, você pode tocar a música e rever o que desenhou para ver as correlações.

Desenhos de Música e Gestos de um dos Workshops de Dança da Autora

A Sensibilidade dos Símbolos

Para a maioria das pessoas, um ponto é apenas um ponto, certo? Nada demais. Ou não é? Por escrito, o ponto de um *i* minúsculo e um ponto final são essencialmente o mesmo símbolo. Mas eles dão uma sensação um pouco diferente quando os escrevemos. O ponto no *i* pode ser rápido e leve, enquanto o ponto final costuma ter mais pressão e peso. Seu posicionamento também afeta claramente seu significado. Esta distinção sutil de sentimento não é apenas verdadeira em um desenho, mas também pode ser sentida ao digitar vários sinais de pontuação e caracteres. Quando digito um ponto final, o toque raramente é feito por si só; em vez disso, é imediatamente seguido por um toque no espaço na barra ou na tecla *Enter*. Para fazer um I maiúsculo, a tecla *Shift* ou *Caps Lock* deve ser usada. Quando nos tornamos habilidosos na digitação, nem pensamos nisso. Mas quando começamos a aprender a desenhar letras ou datilografar corretamente, estamos muito mais conscientes do que nossas mãos estão fazendo.

Grande parte da nuance e do significado de cada marca pode ser indicada no processo de desenhá-la. Um lápis macio, como um *ebony* ou um 6B, dá uma sensação suave, enquanto um marcador com ponta esponjosa é mais intenso. Uma caneta esferográfica tem um rolamento. A sensação de cada marca que você faz é amplificada pela ferramenta. Quanto tempo você faz contato com o papel e quanta pressão ou força usa afetam a experiência de desenhar.

Para ter uma noção de como as formas são feitas, pegue uma folha de papel em branco e uma caneta esferográfica. (Você também pode tentar com um lápis macio ou caneta marcador, para ter uma noção de como a ferramenta afeta o desenho.)

- Desenhe um ponto. Basta fazer um ponto simples, uma marca rápida, na superfície do papel. Em seguida, gaste um pouco mais de tempo fazendo o ponto, permitindo que ele se destaque no papel como se tivesse um propósito. Agora desenhe um pequeno círculo e sombreie-o. Faça uma linha com quatro pontos rapidamente. Observe como cada marcação tem um movimento diferente.

- Faça uma linha horizontal curta, como um sinal de menos. Faça vários traços com o tamanho parecido em uma linha. Desenhe um sinal de igual. Agora faça uma longa linha horizontal. De novo, são todos a mesma marca básica, mas o comprimento e a repetição fazem a diferença na maneira como cada um se parece conforme está sendo desenhado.

- Trace uma linha vertical com cerca de 2,5 cm de comprimento. Faça mais quatro delas uma ao lado da outra. Agora desenhe cinco linhas horizontais transversalmente e perpendiculares às linhas verticais. Faça um único sinal de adição e, em seguida, uma hashtag. Sinta a diferença entre a singular interseção e os múltiplos pontos de conexão.

- Desenhe uma linha diagonal curta. Agora desenhe outra voltada para o lado oposto. Faça mais quatro linhas, acompanhando-as de cada lado das duas primeiras. Faça um ziguezague alternando cada uma. Faça chevrons sozinhos apontando para cima, para baixo, para a esquerda e para a direita.

- Faça um X. Agora faça mais três deles um ao lado do outro. Você está fazendo cada linha de baixo para cima, de cima para baixo ou de ambas as direções? Tente fazer cada uma conscientemente. Faça um asterisco desenhando um X e um sinal de adição juntos.

- Desenhe um quadrado continuamente. Começando no canto inferior esquerdo, desenhe, atravesse, desça e volte para onde você começou. Trace sobre o quadrado que você acabou de fazer, prestando atenção à nitidez dos cantos e das linhas paralelas. Tente fazer o mesmo com um retângulo horizontal e um vertical.

- Faça um círculo. Tente contorná-lo de novo e mais uma vez no sentido horário sem parar, fazendo cada rotação. Inverta a direção e desenhe o círculo no sentido anti-horário.

- Desenhe um oito na vertical e outro na horizontal. Contorne os dois desenhos e tente mudar de direção no centro.

- Trace uma linha horizontal ondulada. Desenhe outra imediatamente abaixo e acima dela, imitando a primeira onda. Agora faça o mesmo com linhas onduladas verticais. Tente fazer uma com ondas grandes e outra com ondas bem pequenas.

- Desenhe uma espiral, começando com um ponto no centro e expandindo. Agora contorne a mesma espiral viajando do ponto mais externo de volta ao ponto central, depois inverta e trace-a novamente, movendo-a para fora.

Você pode abordar qualquer desenho ou símbolo dessa maneira, explorando cuidadosamente a sensação de sua forma. Reflita: a forma é aberta ou fechada? Como algo se moveria dentro ou ao redor dessa forma? O que acontece quando você multiplica a forma ou a espelha? Essas considerações podem não parecer um grande negócio, mas toda marca é feita com movimento. Quando você é capaz de conectar ideias, sentimentos e sensações a esses movimentos, as marcas de repente assumem um significado mais pessoal. Você está construindo uma relação com cada marca registrando-a através do processo do desenho – não apenas no papel, mas também em sua memória.

Nenhuma das formas neste exercício deve ser desconhecida para você, mas através deste processo de contemplar o desenho, elas certamente podem se tornar mais familiares. As formas estão entrando em seu catálogo pessoal de marcas com significado.

CRIANDO UMA LINGUAGEM SIMBÓLICA PESSOAL

Todos nós temos um alfabeto pessoal de símbolos e marcas, mas alguns de nós têm mais dificuldade em reconhecê-lo e acessá-lo. Eu mesma estou extraindo décadas de associações visuais construídas no que aprendi na escola e com a mitologia pessoal que criei através do meu trabalho. Para ser clara, eu não estou falando em substituir as letras do seu idioma por um conjunto totalmente diferente. Como alternativa, este é um códice de marcas e símbolos que tenham significado *para você.*

Para muitas pessoas, a lembrança do símbolo/marca fica mais fácil com o tempo e a prática, mas outras descobrem que ainda têm um bloqueio mental. A criação de um códice de símbolo pessoal pode fornecer uma ferramenta de referência útil para revigorar seu cérebro. Ao contrário de um alfabeto oficial, este pessoal pode mudar e se transformar com o tempo. Você pode encontrar símbolos melhores de sua preferência no futuro ou descobrir que seu relacionamento com uma determinada marca mudou. Essas mudanças e adições não invalidam os sigilos mais antigos que você fez, simplesmente se tornam maneiras de refinar sua técnica para sigilos futuros.

Caso queira construir um códice para registro e referência posterior, você pode começar com palavras ou frases comuns e contemplar quais marcas poderiam ser usadas para representá-las de forma simbólica. Se você tem um foco mágico em que se especializou (como cura ou magia de proteção), provavelmente é mais útil fazer uma lista de suas palavras e frases usadas com mais frequência, dependendo dos cenários que mais encontra.

Você pode também começar com um conjunto de símbolos que mais o atrai e determinar o que eles significam para você. Um ótimo ponto de partida é a coleção de trinta e dois sinais catalogados por Genevieve von Petzinger, que pode ser facilmente pesquisado on-line e visto em seu TED Talk[17]. Essas são as nossas marcas mais antigas e aparecem em todo o mundo. Registre aquelas que se destacam mais para você e reflita sobre o que elas podem significar. Adicione outras marcas e símbolos que mais se relacionam com você enquanto eles veem a sua memória.

Enfatizo que é improvável que você consiga se sentar e criar um alfabeto inteiro do nada em uma única sessão. Leva tempo para construir um aconchegante vocabulário de símbolos que seja eficiente e memorável. Adquirir uma familiaridade intuitiva com algo que você criou também requer prática. Há a criação do design e o processo real de viver esse design. É quase como escrever letras de músicas – elas podem soar bem no papel, mas até que realmente as cante, você não saberá exatamente como elas saem da sua língua.

Você também pode criar sua própria cartela de cores, pois as cores com certeza possuem um significado simbólico. Novos praticantes de magia estão frequentemente em busca do gráfico definitivo de "que cor de vela eu necessito para este feitiço?" Eu recomendo que você deixe de lado a tabela de correspondência de cores do Tumblr e considere seus próprios sentimentos. Sem ofensa aos meus amigos que fazem velas incríveis e fabulosas, mas o significado da cor depende muito de associações pessoais e culturais. Vermelho pode significar amor, raiva, sangue, vitalidade, fortuna, fertilidade, família ou paixão, dependendo a quem você pergunta e em qual lugar do mundo você está. Se tiver uma associação muito negativa com uma determinada cor, será difícil vê-la positivamente, apesar de o "grande mercado de magia com velas", de forma superficial, dizer que essa é a cor que você deve escolher para o seu feitiço funcionar.

---

[17] Veja os 32 sinais de Genevieve von Petzinger em: Patrick d'Arcy, *What the Mysterious Symbols Made by Early Humans Can Teach Us about How We Evolve*, Ideas.ted.com, 7 de junho de, 2017, https://ideas.ted.com/what-the-mysterious-symbols-made-by-early-humans-can-teach-us-about-how-we-evolved/.

Embora possa parecer uma tarefa assustadora criar um códice pessoal de símbolos, lembre-se de que você não precisa fazer tudo de uma vez. O gráfico não apenas vai ajudar a estabelecer seu próprio sistema de marcas e símbolos, como também será uma coisa maravilhosamente útil (e bonita) para se ter em seu grimório ou Livro das Sombras.

Gráfico do meu Códice de Símbolos Pessoais Inspirado pelo Tarô

EXPANDINDO SUAS MARCAS E SÍMBOLOS: COMO REVIGORAR SUA MENTE

Digamos que você esteja usando o método Magia de Sigilo há algum tempo e sinta que está usando as mesmas marcas e símbolos repetidamente. Bem, por um lado, isso não é realmente uma coisa ruim, porque desde que as marcas que você atribui a uma palavra façam sentido, está perfeito. Mas às vezes é preciso mergulhar mais fundo em sua consciência para superar bloqueios, sejam eles espirituais, mentais, emocionais ou mesmo físicos. Muitas vezes, essa insatisfação vem de nossa associação com uma palavra ou o fato de não expressar bem o significado da ideia que estamos tentando transmitir. É nesse ponto que verificar um dicionário de sinônimos (como o thesaurus.com)[18] pode ser útil.

Por exemplo, imagine que você está trabalhando na criação de um sigilo para ajudar a fortalecer sua carreira a fim de fazer novos contatos e obter novas oportunidades. Você escreveu a palavra "crescimento" e a única marca que pode pensar para representá-la foi uma seta para cima – o que de alguma forma não pareceu expressar exatamente aquilo que você estava procurando. Neste caso, a intenção não era ascender, mas, sim, expandir. Ao consultar o termo "crescimento" no dicionário, apareceu *avanço*, *melhoria*, *prosperidade* e *sucesso* em uma primeira linha, mas então você viu mais adiante as palavras *cultivo*, *floração*, *proliferação*, *brotação* e *expansão*. Agora, em vez de uma seta para cima, você começa a imaginar algo mais parecido com uma planta: uma videira, uma flor, um broto, raízes se espalhando, etc. Isso está mais próximo do que você inicialmente tinha em mente quando escreveu a palavra "conhecimento", mas não conseguiu identificar o porquê de aquilo não ser suficiente.

Ocasionalmente, nosso cérebro só quer alcançar o que estiver mais próximo, mas não é preciso muito para empurrar o processo de pensamento um pouco mais longe e deixar a criatividade fluir. Além de tentar o dicionário de sinônimos, você também pode inserir sua palavra inicial em uma pesquisa de imagens do Google e ver o que obtém.

Não é trapaça mudar as coisas para encontrar uma solução melhor. Aqui você *não* está procurando imagens ou símbolos aleatórios com os quais nunca trabalhou antes, para tentar fazê-los se encaixar. Você pode, é claro, adicionar novas marcas e símbolos à medida que aprende sobre eles, mas certifique-se de passar o tempo necessário para estabelecer uma conexão. Na maioria das vezes, as imagens encontradas on-line são apropriadas

---

18 N.T.: para sinônimos em português recomendamos o site www.sinonimos.com.br

por outros indevidamente, sem fontes ou mal explicadas (especialmente no Pinterest). Se você se sentir atraído por um símbolo que encontrou on-line, pode usar um recurso de imagem como TinEye.com para ver se consegue encontrar outras fontes e informações sobre o símbolo. Descubra de onde ele veio, quem o fez, para que serve e possíveis significados alternativos.

CONFIANDO EM SUA INTUIÇÃO

A maioria dos novos praticantes de magia tende a desconsiderar sua intuição em favor de algo "estabelecido", significando um feitiço ou sigilo que alguém já criou, ao invés de confiar em algo que eles mesmos criam. Não há nada de errado em usar um feitiço testado e comprovado, especialmente quando você entende como e por que ele pode ser usado. Mas muitos feitiços em livros e on-line carecem de contexto ou aplicação prática. Sigilos que foram criados por outra pessoa com um foco muito personalizado provavelmente não estarão alinhados com o objetivo que você deseja alcançar. Por exemplo, você pode se deparar com um "Sigilo para o Amor" no Tumblr e isso ser apenas uma imagem com esse título. A que tipo de amor o criador se referia? É para o amor-próprio, um romance ou um caso de uma noite só, ou para atrair o amor em geral para o usuário? Neste caso, é melhor criar um sigilo que atenda às suas próprias necessidades e objetivos pessoais. Quando chegar aos sigilos mágicos compartilhados no Capítulo 6, você pode ver exatamente como cada sigilo foi elaborado e considerar se isso se alinha aos seus objetivos. Você pode até se inspirar para usar parte de um sigilo como base e construir sobre ele. De qualquer forma, você entenderá melhor o que está usando e por quê.

Quanto mais você aprender a confiar em si mesmo, melhor e mais eficaz será sua prática. Você está construindo um vocabulário pessoal, um arsenal de sabedoria, um gabinete de curiosidades para usar sempre que precisar. A forma como vê e usa certas marcas e símbolos pode ser exclusiva da sua compreensão – e, portanto, tem muito mais probabilidade de funcionar melhor para seus problemas e objetivos específicos. Símbolos podem ser onipresentes em todas as culturas, mas é sua própria experiência e compreensão pessoal que ajudarão a construir um quadro de referência que faça sentido para você.

Antes de passarmos ao design, reflita sobre a seguinte citação de Brian Boyd: "A arte constrói nossa confiança, nos níveis individual e coletivo, para moldar nossos destinos."[19] Você pode fazer isso.

[19] Boyd, *On the Origin of Stories*, 124.

Capítulo 3

DESIGN MÁGICO

Praticar qualquer arte, não importa quão bem ou mal feita, é uma forma de fazer sua alma crescer. Então faça-a.
– Kurt Vonnegut[20]

Neste capítulo você encontrará componentes de design que podem ajudar a aumentar a eficácia de seus sigilos e ajudá-lo a se sentir mais confortável com o processo de design. Pode parecer que os artistas têm um senso natural de design e composição, mas a verdade é que qualquer um pode aprender a treinar seu cérebro para ter uma noção melhor do que funciona e do que não funciona. Enquanto alguns de nós têm uma predisposição para o que outros podem rotular como "talento", esse sentido inato realmente vem através da prática, experiência e observação. Dedicar tempo e atenção ajuda bastante no desenvolvimento dos músculos do design. A prática vem da experiência, que se encontra no fazer – na participação no processo.

Processo é como algo é criado. Alguns métodos de criação são de natureza subtrativa, enquanto outros são aditivos. Outros, especificamente, reorganizam os elementos já existentes em uma nova ordem. Todos são válidos à sua maneira. O popular método de criação de sigilo mágico do caos, onde você elimina duplicatas consoantes e remove quaisquer vogais,

20 Kurt Vonnegut, trecho de comentários feitos no palco da Universidade de Wisconsin, em Madison, na noite de 22 de setembro de 2003, https://inthesetimes.com/article/knowing-whats-nice.

é um pouco como esculpir mármore ou madeira. Você começa com um grande bloco de uma ideia e o esculpe até materializar aquilo que você vê em sua mente. O método Magia de Sigilo é mais como fazer uma pintura ou criar uma matriz para gravura. Você pega as matérias-primas e as constrói em algo mais refinado, adicionando camadas. Se o trabalho for apenas para seus próprios olhos ou feito para ser replicado para outros usarem, você está criando por design.

No coração do design está a resolução de problemas. Grande parte do material a seguir se concentra em técnicas de solução de dificuldades que o ajudarão a navegar por alguns dos problemas mais comuns e por perguntas que ouvi de outros praticantes de magia. Você pode pensar que é o único lutando com um problema, mas é provável que, se estiver tendo dificuldades, há também muitas outras pessoas no mesmo barco. O mais importante é experimentar ideias e ver o que acontece. Você pode ler sobre arte e magia o dia todo, mas sempre vai aparecer uma nova fera para domar. E, mais importante ainda, divirta-se fazendo isso!

COMEÇAR AQUI OU ALI? CRIANDO E COPIANDO DETALHES

Para algumas pessoas, uma das partes mais difíceis de criar um sigilo é escolher com qual marca começar. Elas perguntam: "Importa com qual elemento você começa a criar um sigilo? Como você escolhe o certo?" Da mesma forma, com sigilos que são feitos para serem compartilhados, as pessoas podem não ter a certeza de onde devem começar a replicar o design.

Na maioria dos sigilos que crio, sigo minha intuição ou olho para a lista de *brainstorming* de palavras e símbolos atribuídos, para ver quais marcas aparecem repetidamente. Se um círculo aparecer mais do que qualquer outra forma ou marca, esse é provavelmente o melhor lugar para começar a desenhar. Se um símbolo ou forma tiver um sentido mais significativo para a pessoa a quem o sigilo se destina, posso começar com isso. Talvez haja uma palavra ou elemento que realmente é o fator chave para um sigilo, o que seria uma boa ideia começar com isso como base. Outra opção é começar com suas formas grandes ou dominantes e, em seguida, trabalhar do seu jeito até as menores. Sem dúvida, não há lugar errado para começar quando você está projetando um sigilo. Ele não vai se autodestruir se você escolher a ordem errada quando estiver descobrindo qual aparência deve ter, especialmente, porque você pode estar experimentando algumas ou uma dúzia de variações até encontrar o resultado geral do desenho que mais gosta.

Você também pode ter um sigilo em evolução para uma obra onde a cada dia, semana ou fase da lua vai adicionar outra camada ao sigilo. O Feitiço Sétuplo da Lua Minguante, no meu blog Patheos, permite que o participante se concentre em cada aspecto do design geral por vez, dependendo de como ele deseja conduzir o feitiço[21]. Outro exemplo seria se um Coven criasse um sigilo para seu grupo para indicar e honrar o progresso de um membro. Digamos que a Tradição dele tenha cinco níveis de iniciação ou graus. No primeiro nível, o Iniciado é apresentado ao primeiro elemento do sigilo. Então, a cada nível sucessivo que ele alcança, eles adicionam outro elemento, até que no quinto nível tenham construído todo o sigilo. Aqui, a ordem dos elementos é importante, assim como a forma como o sigilo cresce passo a passo ao longo do estudo.

Agora, que tal replicar um sigilo depois de criado? Para a grande maioria de sigilos mágicos compartilhados, digo às pessoas para começarem no ponto em que se sentem mais atraídas. A Fada do Sigilo não vai vir e bater na sua cabeça se você não desenhar na ordem que eu desenhei. Quem poderá dizer se eu mesma vou lembrar onde comecei a desenhar aquele sigilo anos depois de criá-lo? Ainda assim, existem certos sigilos que têm uma ordem aconselhada. Por exemplo, confira o Sigilo Acertando no Alvo, na página 200, que inclui instruções sobre como exatamente desenhar o sigilo. Quando um sigilo tem uma ordem em que deve ser desenhado (pelo menos para minhas criações), estou dizendo ao usuário final que existe um padrão de energia específico que ele deve seguir para ajudar a promover o sucesso do sigilo. Isso porque, enquanto estão desenhando o sigilo, também estão se conectando à história desse sigilo e suas partes individuais, cada uma com uma camada de significado.

Além disso, algumas pessoas perguntam quanto sua cópia de um sigilo precisa para se parecer com o original. Espero que, se estiver desenhando à mão livre um sigilo mágico compartilhado, haja um pouco de você nele. Não consigo replicar perfeitamente meus próprios sigilos, mas posso chegar bem perto prestando bastante atenção. A inclinação natural de como eu desenho, a velocidade com que o estou copiando, a superfície em que desenho e os materiais com os quais estou desenhando mudarão a

21 Laura Tempest Zakroff, *A Witch's Sevenfold Waning Moon Spell for Magical Resistance*, (*A Modern Traditional Witch* (blog) Patheos, 6 de junho de 2020, https://www.patheos.com/blogs/tempest/2020/06/a-witchs-sevenfold-waning-moon-spell-for-magical-resistance.html.

aparência do sigilo. Mas não estamos fazendo clones aqui. Se dez pessoas desenharem o mesmo sigilo, cada um pode ter um pouco de diferença na execução, mas visualmente você poderá dizer, sem dúvida, que são todos o mesmo sigilo.

SIMETRIA, ASSIMETRIA = DESIGN EQUILIBRADO

Muitos dos meus sigilos parecem ser simétricos no design. Do ponto de vista técnico, isso significa que os elementos incluídos são iguais e estão cara a cara em torno de um eixo definido. Simetria como um conceito maior é mais sobre o equilíbrio de como algo parece e se reconhece do que uma imagem perfeitamente espelhada. Quando algo é simétrico, o espectador obtém uma sensação de satisfação ou prazer com a configuração. O equilíbrio visual nem sempre é ter simetria perfeitamente espelhada ou bilateral, que às vezes pode parecer muito estático.

Vejamos algumas maneiras de obter uma aparência equilibrada. Um par de formas pode ser posicionado diagonalmente uma da outra em vez de espelhadas. Elementos que têm o mesmo peso visual, mas são de natureza diferente, poderiam ser colocados em posições bilaterais, dando uma sensação de equilíbrio. Embora esta não seja uma verdadeira simetria espelhada, o design parece equilibrado por causa do tamanho e posicionamento semelhantes.

Exemplos de Simetria: Elementos Espelhados, Diagonais e Divergentes em Equilíbrio

E a assimetria como fica? A maioria das pessoas confunde assimetria com desordem, bagunça ou estar em desequilíbrio, mas a assimetria proposital é equilibrada por natureza. Quando um designer se refere à assimetria como um conceito aplicado, está se referindo a uma justaposição de diferentes elementos que produz o resultado emocional ou mental desejado. Uma parede com textura ou cor diferente das demais, um colar que se destaca em um traje tradicional, salpicar um padrão entre tons sólidos – todos são exemplos de trabalhos com assimetria. Essas aplicações brincam com tamanho, posicionamento e, às vezes, até com o inesperado. A assimetria cria interesse visual, guiando o olhar sem criar um desconforto óbvio.

Como você escolhe compor e equilibrar seu sigilo é amplamente determinado pelo que deseja que o sigilo realize. Se a base do seu sigilo é o movimento, então você provavelmente não vai querer fazer algo que pareça imóvel. Inversamente, um sigilo que trata da criação de alicerces deve sentir que tem uma base forte. Um sigilo protetor para uma casa precisa parecer forte e usar um quadrado como elemento dominante, enquanto um sigilo para viagens seguras pode ter um círculo que se movimenta com a pessoa.

Sigilo do Ano de 2021 (Design Simétrico)

Sigilo do Ano de 2020 (Design Assimétrico)

Outro benefício da simetria é que ela pode tornar o design mais fácil de lembrar. Nosso cérebro tende a responder bem a repetição e a criação de padrões. Um design simples que possui um número limitado de elementos em posições fáceis de lembrar torna o sigilo mais fácil de transmitir para outras pessoas. Um sigilo que possui muitos elementos diferentes e nenhum senso óbvio de organização tende a ser mais difícil para o cérebro compreender visualmente e replicar. Agora, se seu objetivo é criar um sigilo altamente complicado que você não deseja mesmo aplicar novamente de forma alguma, então a confusão criada pela complexidade pode ser vista como uma vantagem. Você pode querer seguir esse caminho se o propósito do sigilo for ajudá-lo a esquecer algo doloroso (como parte de um processo de cura) ou esconder algo de outras pessoas.

DICA TÉCNICA: COMO CRIAR SIGILOS "PERFEITOS" MAIS FACILMENTE

Se eu quiser que um sigilo seja simetricamente espelhado e igual, consigo esse efeito desenhando-o como geralmente quero que ele seja. A partir daí, escaneio a arte ou tiro uma foto em alta resolução com o meu telefone e envio para o meu computador. Em seguida, uso um programa de manipulação de imagens, como o Adobe Photoshop, por exemplo, para isolar as partes que desejo espelhar [22]. Eu copio, colo e inverto, ajustando conforme necessário. Acho que, dessa maneira, economiza muito tempo em vez de tentar produzir um desenho "perfeito". Também me permite preservar a sensação de desenho à mão do meu trabalho, em vez de fazer com que pareça gerado por computador. Provavelmente existem aplicativos de telefone que podem realizar tarefas com resultados semelhantes, mas gosto de usar o que me deixa confortável. Além disso, se eu escanear a imagem em um nível com alta resolução, facilita a transferência da imagem para outras mídias, como adesivos e camisetas.

Eliza Gauger, a criadora por trás da incrível série on-line e do livro físico *Problem Glyphs*, inicialmente usou um programa de desenho livre chamado *Alchemy* para criar seus trabalhos[23]. Na festa de lançamento de seu livro em Seattle, ela falou sobre a função "desenho espelhado" do programa, que é como ela consegue a simetria em seus sigilos. O *Alchemy* foi projetado para ajudar o usuário a se concentrar na experiência do desenho e possui vários outros recursos incomuns que ajudam a impulsionar sua criatividade, como a capacidade de usar sua voz para controlar a largura de uma linha ou a sua forma. Você também pode desenhar "a cego", o que desativa o recurso de exibição – algo útil para o automático ou exercícios de transe.

22 Existem programas de design gratuitos para desktop, como o GIMP, se não quiser investir em algo como Adobe Creative Suite ou Corel Draw. Se você é aluno ou professor, pode ter acesso ao programa gratuito ou com desconto.

23 *Alchemy*, um projeto de desenho aberto, pode ser acessado em http://al.chemy.org.

Infelizmente, o site *Alchemy* não é atualizado há vários anos, por isso ele é considerado abandonado, mas dar uma olhada nele em busca de novas ideias pode funcionar para alguns usuários. Lá também há uma infinidade de novos programas de desenho gratuitos ou de baixo custo para tablets, incluindo o Procreate e Adobe Fresco. Você pode implementar alguns dos conceitos de criatividade do *Alchemy* mais facilmente com esses programas.

O Passageiro, de Eliza Gauger

MEU TOQUE: ESPAÇO PESSOAL, REDUÇÃO, REPETIÇÃO E CONEXÃO

Levando em conta que a primeira pergunta que mais recebo sobre meus sigilos é sobre simetria, a próxima é "Todos os elementos precisam se tocar?" A resposta simples é, não.

Se você olhar para o Sigilo de Poder na página 180, verá que a lua crescente e os elementos de ponto não estão conectados à imagem maior, mas flutuam fora da estrela. Porém, sua posição flutuante e a colocação externa ainda tem um significado que é parte integrante do design. As crescentes estão ambas guardando os pontos "sementes" que representam o legado que queremos proteger e marcam a passagem do tempo. As sementes são aninhadas nas partes vulneráveis da estrela, sua separação física indicando que elas estão em seu próprio curso. Esses elementos voltados para o futuro nos lembram de que, ao salvar apenas uma pessoa, trabalhamos para salvar mundos. Assim, a inclusão dessas marcas no projeto e sua proximidade os conectam em conceito com a estrela e a mensagem maior.

No exemplo do sigilo de cura mostrado aqui, a variação à esquerda com seu espaço aberto entre os elementos permite uma maior sensação de fluxo e movimento dentro do núcleo do design. Esse sentimento é um pouco abafado quando a maioria dos elementos está conectada diretamente entre si, como visto na variação à direita.

Quer os elementos se toquem, quer mantenham o espaço pessoal, isso reflete em sua relação no sigilo. Igualmente, se a marca está localizada no interior ou no exterior do design pode comunicar propósito e relação. Eu recomendo pensar sobre essas ideias ao invés de se preocupar em fazer tudo se tocar (ou não tocar).

Pergunte a si mesmo: o que significa algo estar em contato direto com outro elemento ou separado dele? O elemento está conectado à energia e intenção da outra marca, ajudando a construir ou amplificar? Ou ele precisa realizar sua própria ação no sigilo?

Variações na Proximidade dos Elementos no Desenho de um Sigilo de Cura

Juntamente à questão sobre o toque dos elementos vem a seguinte pergunta: "Preciso representar em meu sigilo todas as formas que criei ou posso reduzir o número delas?" No método de criação do Sigilo Mágico do caos mais comum, você elimina letras duplicadas. Portanto, se sua declaração incluir a letra *R* três vezes, você a reduz a uma. Costumo fazer isso com símbolos e marcas, mas para mim é mais uma prática de condensar e combinar elementos semelhantes para esclarecer a mensagem.

Você pode olhar para várias marcas duplicadas, como o agrupamento de grãos de açúcar para ter a xícara inteira que precisa para uma receita de biscoito. Às vezes, é preciso adicionar ¾ de xícara ao misturar os biscoitos, enquanto o último ¼ de xícara é polvilhado por cima para dar textura.

Por exemplo, se eu fizesse um *brainstorming* sobre a construção de uma comunidade e para proteção e achar que cada um deles poderia ser representado por um círculo, então não precisaria desenhar dois círculos separados para incluí-los. Um único círculo poderia representar ambos. Mas também posso desenhar um círculo menor para representar o núcleo da comunidade e criar um círculo secundário ao redor do primeiro para enfatizar a proteção.

Outra forma de combinar elementos é procurar o que os símbolos e marcas têm em comum.

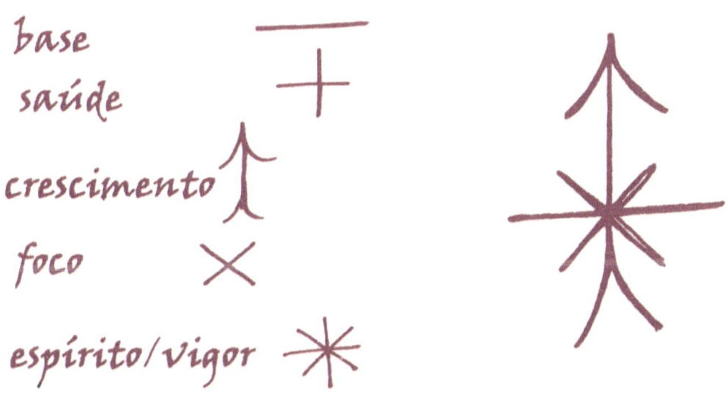

Observe onde as marcas podem se fundir

À esquerda neste exemplo, vemos a área de trabalho com sua lista de palavras e símbolos. À direita, vemos o sigilo com todos esses elementos fundidos. A horizontal e as linhas verticais podem ser cruzadas, o que também forma o sinal de mais (+) para a saúde. Esta interseção pode ser o local ideal para colocar o X para foco, que por sua vez cria o asterisco. Onde os símbolos e marcas sobrepostas ou combinadas podem adicionar mais camadas de significado ao seu sigilo.

No reino do toque e do não toque, também devemos considerar os conceitos de espaço positivo e negativo. Quando um objeto é colocado no papel, ele existe no espaço positivo. O espaço não desenhado ao seu redor é o espaço negativo. Se colocarmos dois quadrados um ao lado do outro, sem se tocar, os próprios quadrados são o espaço positivo, enquanto o espaço entre eles é considerado espaço negativo. Quão longe ou quão perto os quadrados estão uns dos outros ajuda a descrever sua relação. O espaço negativo, por sua vez, também se torna um espaço definido, embora não inclua elementos desenhados. Em vez disso, o espaço entre os quadrados torna-se visualmente implícito ou reconhecido como sua própria forma. Se a passagem entre os quadrados for ampla, podemos vê-la como uma estrada ou espaço que oferece uma oportunidade para uma amplitude de movimento. Se o espaço for muito estreito, o caminho pode parecer mais canalizado, como uma rampa de carregamento (*cattle ramp*) bem definida e focada, com movimento limitado.

Espaço, conexão, redução, repetição e espaço positivo e negativo podem parecer ideias demais para manter em sua cabeça, mas são simplesmente nomes de conceitos que você provavelmente já sente intuitivamente. Usar palavras para descrevê-los pode ajudar a dar um pouco mais de forma e sentido ao seu senso interno do que está funcionando – ou do porquê de não estar. Elas ajudam você a narrar a história do seu sigilo conforme você o projeta.

SÍMBOLOS COMUNS, ÍCONES E LETRAS

Você verá que tenho tendência a usar formas e marcas muito simples, em vez de focar em símbolos populares que tendem a ter muitas informações associadas a eles – como o símbolo da paz ou o cifrão. Essa preferência é estritamente pessoal, o que significa que não vou lhe dizer que você não pode ou não deve usar esses tipos de símbolos em seu trabalho. Mas dependendo de qual é o seu sigilo, eles podem distrair mais do que direcionar.

Se estou procurando atrair riqueza e prosperidade, ao invés de desenhar um cifrão, provavelmente vou usar alguma forma de diamante. O diamante que uso tem uma forma de quatro lados e o número quatro representa estabilidade, força e base. Os próprios diamantes são altamente duráveis, bem como vistos culturalmente como valiosos. Por fim, a forma de diamante remete às cartas de baralho, que se relacionam com os naipes dos arcanos menores do Tarô. Os diamantes equivalem a pentáculos, ouros ou moedas; são terrestres e geralmente têm relação com riqueza física, saúde e trabalho. Isso fornece uma enorme quantidade de simbolismo que, para mim, vai além do cifrão.

Da mesma forma, se eu quiser trazer o conceito de paz para um sigilo, existem várias maneiras de retratar essa paz sem fazer referência ao símbolo mais popular que foi desenhado em 1958, por Gerald Holtom, como logotipo da Campanha Britânica pelo Desarmamento Nuclear. Para o sigilo que estou trabalhando, eu me pergunto se paz significa calma, união, fim das brigas, comunicação aberta, etc. E poderia selecionar uma linha horizontal, um círculo, uma série de linhas onduladas ou *chevrons*, dependendo da interpretação.

Quanto às letras, elas podem ser muito úteis para representar pessoas sem usar um nome completo ou para descobrir qual símbolo uma pessoa deveria ser, embora o signo do zodíaco de alguém possa definitivamente funcionar bem. Tanto as letras quanto os sinais podem distrair em termos de design, mas pelo menos eles têm um efeito com uma associação mais precisa de como você os está usando. Eu recomendo usá-los com moderação, porém, é como um padrão para uma pessoa ou outro tipo de ser, se fizer mais sentido para você. As cartas (e a maioria dos signos do zodíaco) também podem ser reduzidas a formas básicas ou mescladas com outras marcas encontradas em seu sigilo.

Minha sugestão é ir mais fundo que puder, em vez de padronizar símbolos e ícones que contêm muito mais significado ou reconhecimento do que você pode estar procurando. Você não precisa ter uma tradução visual literal de cada item. Em vez disso, lembre-se de considerar como a energia de uma marca pode se relacionar com o seu elemento de *brainstorming*.

CRIANDO UMA AMBIGUIDADE CONCRETA

O design trata da solução de problemas e, às vezes, esse problema começa muito antes de você começar a desenhar. Um desses exemplos é quando você se frustra com o que parece ser uma ideia ambígua ou mesmo um objetivo simples que parece difícil para o *brainstorm*.

Um grande exemplo disso foi trazido em uma das minhas sessões mensais do Patreon "Escola de Sigilo"[24]. A questão era que a pessoa estava procurando um novo terapeuta, mas se sentia presa no "preciso de um novo terapeuta" como um objetivo. Meu conselho foi considerar quais fatores compõem o terapeuta ideal para ela. Os elementos de *brainstorming* podem incluir coisas como:

24 Uma vez por mês, meus apoiadores do Patreon podem participar de uma sessão informal de uma hora com suas perguntas, problemas e ideias relacionadas a sigilos.

- Ser capaz de agendar uma consulta com rapidez.
- Aceitar meu plano de saúde ou ter um valor que eu possa pagar.
- Boa comunicação.
- Fazer sessões virtuais e ser acessível via um transporte público perto de mim.
- Ser simpatizante LGBTQIA +.
- Compreender os problemas que afetam as pessoas trans.
- Compreender e dominar a dinâmica do poliamor.
- Ser um excelente ouvinte.
- Ser capaz de fornecer orientação útil e perspicaz para a minha situação.

Com essas considerações, o que parecia um objetivo simples e plano é expandido em detalhes concretos que se tornam ideais para a elaboração de um sigilo. Você pode ter uma noção muito real de qual é o objetivo que deseja alcançar.

Às vezes, metas ambíguas e abertas podem parecer mais fáceis, mas lembre-se: a magia segue o caminho de menor resistência. Encontre um equilíbrio entre ser específico o suficiente e específico demais. Por outro lado, você vai descobrir rapidamente que, embora sua mágica tenha funcionado tecnicamente, o resultado foi inferior ao ideal.

REFINANDO O DESIGN: EVITE A PIA DE COZINHA

Quando muito é demais? Vejamos algumas maneiras de evitar fazer um sigilo abarrotado tipo uma "pia de cozinha", e isso é mais complicado do que deveria ser nas três das principais fases do processo de criação.

Na Etapa 1: Determine seu Objetivo

Lembre-se de que você deseja ser específico, mas não muito preciso sobre seu objetivo. Eu já disse mil vezes, mas ainda não é suficiente: a magia segue o caminho de menor resistência. Se você selecionar uma meta que é muito grande e vaga, será difícil restringir as coisas. "Eu quero ser próspero" não é muito específico. Como ou de que maneira você quer ser próspero? Você está procurando um novo emprego, querendo que o seu negócio se expanda, que seu jardim seja fértil e cresça, quer estar financeiramente confortável em sua vida do jeito que está, quer ser mais produtivo em seu trabalho ou em seu hobby? São objetivos separados, com elementos muito diferentes necessários para que sejam bem-

-sucedidos. Não há nenhuma razão para que você não possa criar um sigilo para cada um deles ao longo do tempo. Mas tentar esmagá-los em um só é uma ideia muito vaga que demora ainda mais a se realizar, pois não há uma visão realmente clara do que se quer.

Na Etapa 2: Brainstorm

Eu considero ter de seis a oito itens de *brainstorming* como o ponto ideal – nem poucos, nem muitos. Isso não significa que você está falhando se acabar com apenas quatro ou doze. É simplesmente um bom alvo para acertar sem tornar as coisas muito complexas. Quando crio um sigilo para o Ano em meu Patreon, todos os meus patronos contribuem com palavras ou frases que gostariam de ver no próximo ano. Isso significa que geralmente começo com pelo menos duas a três dúzias ou mais de sugestões de itens a serem incluídos. Então, o que faço é redigir toda a lista de palavras e frases e começar a colocá-las em categorias relacionadas. Palavras e frases como *networking, comunicação, interação, vozes sendo ouvidas* e *saber ouvir*, podem ser condensadas em uma categoria, enquanto *foco positivo, esperança para o futuro* e *impulso para seguir em frent*e seriam agrupadas em outra. Não há razão para cada item ter seu próprio símbolo se alguns deles lhe parecerem muito semelhantes ou iguais.

Na Etapa 3: Desenhe o Sigilo

Se você fez um bom trabalho sendo bastante específico sobre seu objetivo e não se sobrecarregando com muitos elementos de *brainstorming*, então já fez muito do trabalho de refinamento necessário para evitar tornar seu sigilo mais complexo do que precisa ser. Mas ainda há uma chance de que isso possa acontecer, e é mais provável que seja o caso quando alguém está começando, porque eles tendem a se preocupar mais em garantir que cada elemento seja distinto. Mas como vimos anteriormente neste capítulo, não é necessário ter todas as marcas e símbolos claramente representados por conta própria. Reduzir e combinar símbolos relacionados ou marcas semelhantes é uma maneira de refinar seu design. Outra maneira é brincar com a matemática. Você precisa mesmo de 36 pontos espalhados ao redor do seu sigilo, ou poderia representar o número 36 incorporando seis asteriscos, cada um com 6 pontos (6 × 6 = 36)? Se o seu sigilo parece muito abarrotado para você, então ele provavelmente está. Mas se está assim, e ainda parece certo e funciona para as suas necessidades, então continue com ele. Você sempre pode revisitá-lo mais tarde, se precisar.

Sigilo "completo" versus sigilo simplificado

MOVIMENTO ENERGÉTICO: ESCLARECENDO O PROCESSO DE BRAINSTORMING

Como acabamos de discutir, muitos elementos em um sigilo podem tornar as coisas confusas, enquanto poucos podem não se aprofundar o suficiente no objetivo que deseja alcançar. Acho que ajuda se considerar: “Qual seria a solução? Para considerar meu objetivo alcançado, quais fatores deveriam ser incluídos ou qual o ideal para se ter sucesso?”

Um aspecto chave a se considerar no *brainstorming* é o movimento energético da intenção. Pense nisso em termos de empurrar ou puxar, bloquear ou liberar, desacelerar ou acelerar, abrir ou fechar, ouvir/receber ou transmitir/projetar, ocultar ou revelar, etc. Pode-se classificar um trabalho como ajudar *versus* enfeitiçar ou positivo *versus* negativo, mas isso carece de muitas nuances e ignora o fato de que o que é “bom” e “mau” está muito nos olhos de quem vê.

Vamos considerar o movimento energético envolvido na bênção de um lar. O objetivo é proteger a construção, o terreno e seus habitantes, blindando-os de danos/más intenções e mantendo-os seguros. No entanto, queremos que boa sorte e boa saúde possam entrar, onde família e amigos sejam bem-vindos e que os visitantes possam encontrar a casa. Portanto, não estamos montando um bloqueio ou tentando esconder a casa completamente. Estamos procurando uma sensação de proteção contra coisas indesejadas enquanto temos alguma permeabilidade para o que queremos atrair para casa.

Sigilos de Bênção para a Casa: Um Design Permeável Mais Bem-sucedido versus um Design Bloqueado Menos Bem-sucedido

Também é perfeitamente possível que o que você está procurando alcançar seja duplicado (ou mais), exigindo vários sigilos irmãos para lidar com partes específicas do trabalho. Esta abordagem é uma boa opção a considerar se você achar que tem muitos elementos de *brainstorming* e eles parecem estar trabalhando em oposição um ao outro ou têm focos muito diferentes. Por exemplo, você pode criar um sigilo para parar um agressor e levá-lo à justiça, e um sigilo separado para ajudar a apoiar e curar aqueles afetados pelas ações do agressor. Como a justiça certamente auxiliaria no processo de cura, ela pode ser um elemento de ligação entre os dois sigilos ou ser uma característica de design proeminente em ambos, relacionando visualmente ambos os sigilos.

Símbolos Irmãos

Separar ideias em sigilos múltiplos, mas relacionados, também pode ajudar a inspirar diferentes atividades rituais. Assim como no nosso exemplo de sigilo, você pode começar com um ritual de proteção com o primeiro sigilo, seguido por um ritual de justiça que coincida com uma audiência no tribunal usando ambos os sigilos e, por último, seguir com um trabalho de cura apenas com o segundo sigilo. Exploraremos mais sobre a criação de rituais com sigilos no próximo capítulo.

UMA SOLUÇÃO – UMA ENTRE MUITAS

O sigilo que você projeta para o seu trabalho é *uma* solução que parece o mais adequado naquele momento. Isso não significa que outras soluções sejam inválidas. Também não significa que você tenha que se esgotar criando uma infinidade de designs depois de já ter decidido que um deles está bom. Em meus workshops, onde toda a classe cria juntos um sigilo, sempre há pelo menos algumas pessoas que já estão explorando a técnica e criam suas próprias soluções para o que estamos discutindo. Alguns desses resultados se parecem muito com o que finalizamos coletivamente, enquanto outros são completamente diferentes. Esses diferentes não estão errados, mas são influenciados pela solução de problemas do criador individual para si mesmos. Este método é um processo intuitivo baseado em sua experiência pessoal, portanto, deve-se esperar que, se você tiver vinte pessoas trabalhando separadamente no mesmo objetivo e elementos de *brainstorming*, alguns desses sigilos serão surpreendentemente parecidos e outros serão únicos. O que importa é que, se você está criando um sigilo mágico compartilhado para ser usado por muitas pessoas, você vai querer decidir sobre um único design com a máxima clareza.

NÃO SE ANULA O QUE FOI FEITO: REVISITANDO SIGILOS

Digamos que você crie um sigilo e, seis meses ou alguns anos depois, gostaria de modificá-lo para sintonizar melhor com seus objetivos. O ideal seria criar um sigilo totalmente novo ou apenas trabalhar com o que já tem? Se você está basicamente construindo sobre o que já foi estabelecido pelo sigilo, então não vejo nenhum problema em fazer algumas pequenas alterações. Você não vai anular o propósito dele e fazê-lo parar de funcionar. No entanto, se tiver uma compreensão totalmente nova de uma situação e o que gostaria para que o resultado fosse muito diferente, provavelmente vai desejar criar um novo sigilo. Você precisa fazer algo especial com o antigo? Não, mas de qualquer maneira, você pode querer fazer algo para satisfazer a parte ritual do seu cérebro, que deseja que seja finalizado organizadamente. (Veja o final do Capítulo 4 para sugestões sobre como finalizar um sigilo.)
Você também não vai quebrar o sigilo se sentir vontade de alterá-lo um pouco apenas um ou dois dias depois de criá-lo. Às vezes, quando você está trabalhando em um sigilo, chega a um ponto em que seu cérebro diz: "Bem, eu acho que isso é bom o suficiente. Sim, tudo bem". Mas depois de um pou-

co de descanso e um novo olhar, você percebe que o sigilo ficaria melhor se encurtasse alguma linha ou conectasse umas partes. Tecnicamente, você ainda está no estágio de design e pode continuar refinando o sigilo até se sentir satisfeito com ele.

A única vez em que alterar um sigilo mesmo que ligeiramente se torna um problema é se você postar o sigilo para que outras pessoas possam usar e, na semana seguinte, decidir que não está certo. Mais uma vez, o mundo não vai acabar e o objetivo vai estar ainda lá, mas seus seguidores podem não ficar muito felizes com você, especialmente se eles esculpiram cuidadosamente o sigilo em cinquenta velas para um ritual (a menos, é claro, que você não diga a eles). Então é melhor ficar com o design original para esse trabalho ou não o compartilhar até que esteja 100% satisfeito com o resultado do projeto.

DESENHE COMO O VENTO: COMO TRABALHAR MELHOR A SUA ARTE

Agora que cobrimos uma série de considerações de design e aspectos técnicos, vamos encerrar este capítulo com sugestões sobre como melhorar suas habilidades de desenhar.

Desenhar Todos os Dias

Não consigo dizer ou escrever o suficiente: desenhar requer prática. Se eu ganhasse um dólar para cada vez que ouço alguém dizer "Eu não consigo desenhar uma linha reta sem uma régua" ou "Até meus rabiscos são terríveis", eu teria uma casa de praia na Costa Rica[25]. Tenho feito aulas de arte e desenho toda a minha vida e meu trabalho ainda se beneficia quando pratico mais. Mesmo nas melhores faculdades de artes do mundo, todos começam suas aulas de desenho praticando linhas e marcas. Pegue um pequeno caderno de esboços e algumas canetas (não pegue apenas uma, você vai precisar de mais) e reserve de cinco a quinze minutos todos os dias para fazer marcas, rabiscar, traçar coisas que gosta e fazer desenhos de gestos (desenhos rápidos e soltos que capturam uma forma ou movimento) de animais de estimação, amigos e familiares[26]. Inscreva-se para uma aula de desenho ou veja se há um encontro regular de desenho gratuito em sua área. Você pode até fazer alguns novos amigos muito legais!

25 Eu deveria fazer um sigilo para isso.

26 Se você está procurando exercícios de desenho adicionais, recomendo verificar o livro de Betty Edwards, *The New Drawing on the Right Side of the Brain*, listado na bibliografia.

Desenhe o que você vê

As pessoas com afantasia têm dificuldade em visualizar algo com antecedência. Isso os faz acreditar que: "eu nunca serei bom em desenhar". Você não precisa desenhar do zero. Em vez disso, olhe para o mundo ao seu redor para se inspirar. Se você se sentir sobrecarregado facilmente, selecione um objeto simples para desenhar: uma colher, uma jarra, uma maçã, uma flor, uma estátua – algo tridimensional com uma forma definida. Defina um cronômetro (sugiro de três a dez minutos, dependendo do seu nível de conforto) e desenhe o que vê. Quando o cronômetro disparar, gire ou vire o objeto para olhá-lo de um ângulo diferente. Tente fazer isso pelo menos de três ângulos/posições separados. Este exercício vai ajudá-lo a desenvolver maior capacidade e habilidade de observação, ao mesmo tempo que vai ajudar a edificar a coordenação entre mão/olho.

Como Ficar Bom em Desenhar Algo

Se você quer ficar bom em desenhar algo, desenhe. Muito. Além disso, estude como outros artistas desenham. Brinque com seu estilo de desenho ou pintura para ter uma noção de como eles viram aquilo que você quer que seja interpretado. Por exemplo, se você quiser fazer desenhos botânicos, estude e copie as gravuras antigas que estão nos livros clássicos de ervas, mas também veja como uma variedade de artistas interpretam as plantas. Crie um girassol como Georgia O'Keeffe e Vincent Van Gogh. Desenhe inspirado na vida. Não se preocupe se você acha que está uma porcaria – pare de julgar e continue. Você verá melhorias se continuar assim.

Não Tenha Medo

Comece em qualquer lugar. Ao praticar, evite virar para uma nova página quando seu cérebro lhe disser que você estragou tudo. Pare de tentar enterrar as evidências e, ao invés disso, continue trabalhando naquilo. Tudo bem ter várias tentativas na mesma página. Desenhe sobre eles, se quiser. Se você se encontrar apagando tudo que faz, mude para uma caneta ou marcador. Eventualmente, a parte irritante do seu cérebro irá se calar e deixá-lo em paz.

Seja Gentil com seu Corpo

Pode não parecer, mas fazer arte pode ser excepcionalmente difícil para o corpo. Aqueça suas mãos e braços antes de começar fazendo alguns círculos com os ombros e estique o pescoço vagarosamente, girando a cabeça suavemente. Abra e feche os dedos em ambas as mãos e faça alguns círculos com os pulsos. Verifique sua postura enquanto trabalha. Observe como segura a caneta ou pincel, desenhe levemente em superfícies acolchoadas/delicadas e use ferramentas que tornem o desenho ou a pintura mais fácil, não mais difícil.

Capítulo 4

APLICAÇÃO RITUAL

O objetivo da arte não é reproduzir a realidade,
mas criar uma realidade com a mesma intensidade.
– Alberto Giacometti

Se você fez meu workshop do Magia de Sigilo, então me ouviu dizer: "Existem quatro etapas, mas apenas três delas são absolutamente necessárias". Ou seja, depois de concluir a Etapa 3, nada mais é essencialmente necessário para o sucesso teórico do seu sigilo. A Etapa 4 é "Aplicar e/ou confirmar seu sigilo". A condição dessa etapa ser "necessária" é algo a se ponderar. Ela reside no espaço entre "É necessário alguma ação ou fator adicional para que isso funcione?" e "Eu sinto que a aplicação é uma parte importante do processo para que se tenha sucesso?" Por que a Etapa 4 é útil mesmo que não seja tecnicamente necessária?

A Etapa 4 situa-se no reino do ritual, que é como nos conectamos com o mundo ao nosso redor e encontramos nosso lugar nele. Usamos o ritual para criar ordem, desenvolver padrões e propósitos, trazer significado, honrar os ciclos de vida e morte, marcar a passagem do tempo, marcar transições, elevar a coletividade e buscar influenciar nossa esfera de existência. O casamento e a iniciação são rituais, mas também a sua rotina matinal diária o é. O ritual não precisa necessariamente ser de natureza "religiosa", ou seja, conectado a uma determinada divindade ou espírito ou religião estruturada. Embora o ritual possa ser sofisticado e elaborado por natureza, ele também pode ser informal e praticamente invisível, com aparência mundana. No entanto, ambos podem ser muito eficazes e poderosos para realizar o que é considerado necessário. Como seres encarnados, somos levados *a fazê-lo*. A ação do ritual é satisfatória para nossa mente, corpo e espírito. Quando combinamos rituais com a arte, podemos levar nossa prática mágica para o próximo nível.

A INTERSEÇÃO ENTRE O RITUAL E O SÍMBOLO

Quer estejamos contemplando as pinturas rupestres na França, os murais das paredes internas das tumbas egípcias, os animados afrescos minoicos ou o teto da Capela Sistina, a arte sempre pode ser encontrada ao lado das práticas rituais. Há muito tempo usamos a arte e os símbolos para trazer poder aos nossos rituais, seja explorando os mistérios da existência, seja honrando a morte e celebrando a vida, seja contando sobre nossos mitos.

Embora possamos não saber exatamente o que aconteceu naquelas cavernas há milhares de anos da produção da arte de nossos ancestrais, podemos *ver* o que fizemos desde então em termos de arte – e o que continuamos fazendo hoje. Os símbolos são usados para identificação e reconhecimento, marcação de território e propriedade material, como dispositivos mnemônicos, para comunicação de ideias, para entreter e contar histórias, estabelecer permanência, criar padrões, embelezar, separar, instruir e guiar, e assim por diante. Num contexto ritual, os símbolos de identificação podem se tornar partes-chave de uma experiência iniciática, enquanto símbolos de unificação tendem a ser fartos em ritos de casamento, já imagens de divindades são frequentemente destacadas em práticas devocionais.

Os tipos de rituais que fazemos tendem a cair em uma ou mais das seguintes categorias. Darei a você uma ideia melhor de onde o ritual e a arte se encontram, cada categoria tem alguns exemplos.

> **Contingente/Iniciatório:** centrado na transição pessoal, necessidade ou crise.
> Exemplos: os Graus em certas Tradições e caminhos geralmente têm símbolos específicos anexados a cada Iniciação que se tornam parte da identidade e prática da pessoa até atingir o próximo nível. As tatuagens às vezes são usadas para reconhecer e marcar transições, como o ponto e vírgula (;), que simboliza afirmação e solidariedade contra o suicídio e outros problemas de saúde mental.

Ancestral/Devocional: honra os falecidos, divindades ou espíritos
Exemplos: os *veves* são símbolos desenhados nas práticas do Vodu para se conectar com os Loas. Cartões de oração (santinhos) em missas católicas geralmente combinam o nome (e às vezes a foto) do falecido com uma imagem ou símbolo de seu santo favorito. Um brasão de família evoca a ancestralidade e conexão.

Divinatório/Revelatório: para adivinhação e revelação.
Exemplos: grande parte da cartomancia (adivinhação com cartas) está profundamente enraizada em imagens, como o Tarô, cartas de Lenormand e baralhos de oráculo. Runas, independentemente se são feitas de osso, pedra ou madeira, todas contam com um símbolo desenhado. As folhas de chá são lidas decifrando quais imagens elas formam.

Protetor/Preventivo: garante a saúde e a segurança das pessoas, da região, dos animais, etc.
Exemplos: o *nazar* árabe é um amuleto em forma de olho muito usado para proteger contra o mau-olhado. A *cimaruta* ("raminho de arruda"), *chifre italiano, mano cornuta* e *mano figa* também são usados por suas propriedades apotropaicas. Numa prática originária da crença Gullah, muitos tetos e persianas nas varandas em estados do sul norte-americano são tradicionalmente pintados de azul-claro para proteger uma casa contra fantasmas.

Sazonal/Cíclico: orientado para um momento no ciclo lunar ou solar.
Exemplos: muitos de nós honramos a mudança das estações decorando nossas casas e altares em espaços com imagens associadas a essa época. Vestir certas peças de roupa (ou optar por ficar nu ou propositadamente sem adornos) pode representar a sintonia com as estações do ano ou marcar ocasiões especiais. Usamos símbolos das luas crescente, cheia e minguante para nos conectar com a energia da Lua.

Embora você possa não considerar todos esses exemplos como "arte", todos eles incorporam elementos que projetam e transmitem significado através da imagem e da aparência. Há arte e artesanato envolvidos, bem como uma comunicação visual de ideias.

Mas vamos nos aprofundar um pouco mais onde a arte e o ritual se cruzam. O processo artístico em si é um ato de devoção, um exercício de foco, uma reunião de intenção. Criamos arte para comunicar, explorar e influenciar, para expressar o que muitas vezes é intangível e dar-lhe um rosto – muitos dos mesmos motivos pelos quais fazemos rituais.

Quando você desenha um símbolo, faz uma pintura ou cria algum outro objeto artístico, está focando e dedicando seu tempo. O tempo gasto criando, torna-se tecnicamente parte de um sacrifício, assim como os materiais envolvidos. Um sacrifício é considerado um ato de oferecer algo de valor pessoal a uma divindade, espírito, objetivo ou comunidade. A destruição deliberada de uma obra após o ritual transmite mais uma camada desse sacrifício. O sacrifício ritual é tanto uma comunicação quanto uma transação que geralmente vai além dos meios básicos do comércio monetário. Quando fazemos arte, estamos voluntariamente nos submetendo ao processo, sabendo que levará tempo, atenção e precisará de materiais para alcançar nosso resultado. Mesmo que o resultado não seja exatamente o que planejamos, o processo costuma ser a parte mais valiosa da experiência. Fazer arte nunca é uma "perda de tempo".

Se a ideia de fazer um ritual o intimida, lembre-se de que nem todo ritual consiste em gritar: "Eu sou um ritual!"[27]. Muito do ritual se desenvolve organicamente, à medida que você constrói um padrão de ação. Com o tempo, você começa a perceber que tem uma abordagem favorita, uma maneira de organizar seus materiais e lugares onde prefere realizar certas tarefas. O ritual diário não diminui os momentos em que você pode desejar criar algo mais elaborado. Ele ajuda a desenvolver os músculos da experiência para que, quando optar por trabalhar em direção a um propósito específico mais especial ou complicado, você esteja pronto.

IMBUINDO A ARTE COM INTENÇÃO

Quando comecei a escrever este livro e perguntei às pessoas sobre o que elas mais tinham curiosidade sobre a arte mágica, a pergunta mais comum era "Como alguém coloca intenção na arte?"

Acho que eu seria uma idiota se respondesse com o que meu cérebro elaborou primeiro, que foi "Você apenas faz".

---

27 Veja *Anatomy of a Witch* e *Weave the Liminal*, para maiores informações sobre elaboração e realização de rituais.

Sabe, não acho que a resposta do meu cérebro estava tão errada. É mais sobre o momento.

Ora, acho que também seria uma idiota se dissesse que você deve realizar rituais elaborados com certas palavras e danças e não se desviar de sua tarefa até que a arte esteja completa.

ARTES & TRABALHOS MANUAIS
ACACIA ORRIS

O Arkenstone, de Acacia Orris

Meu estúdio é um espaço sagrado. É o meu microcosmo caótico no macrocosmo, com cada elemento numa bagunça contida dentro de suas quatro paredes. É constituído de pequenas torres de caixas e pilhas de pedras que movo ao longo do dia para alcançar um livro ou martelo escondido atrás de seu poder tectônico. Em quase todas as partes da sala tem metal em carretéis de vários tamanhos e graus de emaranhamento. Uma chama ocasionalmente irrompe da ponta de uma tocha para renderizar esse metal em algo moldável e fluido. Água rodopia em minha garrafa ou lagos escuros se formam quando uma bebida esquecida cai no chão. Isso vira vapor e nuvens no meu pote de conservas, misturando-se com a fumaça de incenso que sai em espiral do altar que fica em frente à minha bancada. O estúdio tende a ser um lugar avassalador para quem está de fora, cheio de perigos como, ocasionalmente, tropeçar em um gato.

Apesar desse caos, quando a porta do estúdio se fecha e eu me sento no meu banco, muitas vezes sinto uma calma que me invade. É como se aquelas forças elementais rodopiantes ao meu redor parassem e prendessem suas respirações, esperando que eu as direcione para que, juntos, pudéssemos criar algo novo. Eu entro no modo de ser a Maga do meu microcosmo, meu local de trabalho onde faço "O Trabalho".

Saiba mais sobre Acacia em www.Lapidify.net

Nenhuma dessas coisas afetou negativamente o resultado final. Aquela pintura de Hécate que você ama não seria menos mágica se eu dissesse que fiz uma pausa para fritar palitos de muçarela enquanto trabalhava nela. Quem pode dizer que isso não fazia parte do plano, afinal?

Acho que muitas pessoas tendem a acreditar que existe algum ingrediente secreto além de apenas trabalhar na coisa em si. Especialmente no mundo oculto, pensamos que deve haver algumas palavras mágicas, gestos, algum tipo de processo divino e místico envolvido! Mas o segredo está simplesmente em uma coisa: o tempo gasto em focar e criar. Essencialmente, o que é necessário é construir uma prática que incute confiança e criatividade no que você está fazendo.

Mas por favor, não interprete minha conversa cafona sobre bondade como desrespeito aos rituais com preparação mais poética ou prática. Aliás, creio que é assim que se estabelece a intenção e se abrem as portas para o trabalho se tornar imbuído com o nosso objetivo.

ARTES & TRABALHOS MANUAIS
KJERSTI FARET

Não é tão importante que o produto final da "obra de arte" seja mágico, mas o processo para criá-lo é. A arte é a linguagem da autoexploração, eu trabalho muito com símbolos para direcionar situações, emoções e questionamentos. Uma vez que a peça está pronta (não que uma peça realmente pareça terminada; é mais como se fosse a hora de deixá-la), ela cumpriu o seu propósito para mim. Muito do meu trabalho pessoal está escondido no meu armário e não está realmente à vista. Não que eu seja contra mostrá-lo – adoraria ter uma galeria para mostrar tudo –, mas para mim, pessoalmente, o objetivo é a jornada.

Penso na criação da arte como minha forma de Bruxaria. Eu começo com essa ideia intangível ou com uma intenção e a trago para o mundo. O processo de criação a lança no Universo. Às vezes, há um ritual envolvido para me colocar na configuração mental certa. Geralmente tenho que colocar listas de reprodução de música específicas para chegar lá. Os meios que eu uso são baseados na atmosfera ou vibração que estou tentando alcançar. Às vezes é nanquim, pedaços de papel, guache, bordado, grafite, digital, ou uma mistura de vários deles.

Essa forma de trabalhar veio naturalmente para mim. Como a maioria dos artistas, tenho trabalhado e desenhado por toda a minha vida. Tem sido uma jornada ao longo da vida apenas para descobrir como eu gosto de trabalhar, e o processo apenas evoluiu para isso. A princípio, não percebi bem o que estava fazendo; foi muito intuitivo. Estar consciente disso me deu mais controle, mas ainda estou me deixando ser guiada por um propósito maior ou algo assim. É um ponto ideal entre intencionalidade e estar aberta a possibilidades.

Mas é claro que nem toda arte que crio é um trabalho sagrado. Eu faço arte como parte do meu trabalho, e enquanto eu apreciar fazer esse trabalho também, não é o propósito da minha vida criar produtos. Mas desenhar para meu trabalho o tempo todo me dá muita prática para aperfeiçoar minhas habilidades para, quando eu tiver tempo, fazer minha própria arte.

Criar também é minha forma de autocuidado. Não há como me esconder nas sombras quando faço isto. Qualquer coisa, eu as abraço. Eu reconheço os sentimentos desconfortáveis como tristeza ou depressão e deixo-os serem vistos através de minhas marcas no papel. Quando lhes dedico atenção, eles ficam satisfeitos, como um gato implorando por um petisco. A arte é o petisco – para mim e para o gato. Então podemos nos aconchegar juntos e em paz.

Encontre Kjersti em CatCoven.com e @cat_coven no Instagram

Alquimia, de Kjersti Faret

Geralmente é assim que faço arte:

1. Tenho uma ideia ou visão, ou recebo um pedido de um cliente.
2. Pesquiso os elementos dessa ideia, visão ou objetivo. Isso pode ser lendo ou ouvindo mitologia sobre uma certa divindade, pesquisando imagens históricas/de referência e fazendo uma lista aproximada de coisas que eu acho que o trabalho deveria ter.
3. Faço um rascunho ou vários, elaborando a composição, como incorporar elementos-chave que vão ajudar a transmitir visualmente a ideia.
4. Seleciono meus materiais, preparo uma superfície de tamanho mediano e reúno tintas, pincéis ou materiais de desenho. Eu limpo meu espaço de trabalho/estúdio e preparo meus materiais e referências.
5. Quando me sinto pronta, eu me sento e faço arte. Enquanto algo pequeno como um sigilo pode ser concluído em um período relativamente curto, uma pintura provavelmente levará vários dias ou mais antes de estar quase concluída. Então chego a fase de "olhar fixamente". O que significa que eu periodicamente olho para o trabalho em diferentes tipos de luz de vários ângulos e faço pequenos ajustes conforme necessário.
6. Digitalizo a arte, envernizo (se necessário) e assino o trabalho.

Eu sei, isso não soa muito místico. No entanto, este ritual é profundamente eficaz e é o resultado de décadas desenvolvendo minha prática artística e mágica. Do começo ao fim, meu cérebro está focado no processo. Meu corpo entra naturalmente em uma espécie de estado de transe quando começo a desenhar ou pintar e meu estúdio é essencialmente meu templo. O que estou fazendo com arte não é muito diferente de reunir óleos, ervas, velas e outros ingredientes para um feitiço e colocá-los todos juntos.

Agora, há momentos em que me sinto inclinada a fazer algo extra. Posso acender uma vela ou me ungir com um óleo para me ajudar a focar. Se estou fazendo uma encomenda para alguém que envolve uma divindade, não costumo tratar isso como um trabalho de rotina, então monto um pequeno altar com itens associados a essa divindade.

Na verdade, tudo se resume a descobrir o que ajuda *você* a se concentrar. Se você sente que seu processo será auxiliado pela adição de alguns elementos rituais extras, então faça isso! Aqui estão algumas sugestões de como fazê-lo:

- Faça um círculo ou crie um pequeno templo provisório se estiver trabalhando em algum lugar que não seja dedicado apenas à magia ou ao trabalho. Isto não apenas separa e define o espaço para você, mas também pode ser usado para reduzir possíveis distrações e interferências.
- Consagre ou abençoe seus materiais artísticos como faria com qualquer outra ferramenta mágica.
- Crie uma atmosfera propícia à criação da arte mágica – escolha a iluminação, música, incenso, etc.
- Construa um minialtar que se alinhe com seu objetivo. Se for um feitiço, você pode colher ervas, pedras ou escolher uma determinada cor de vela. Se for uma divindade ou espírito, pode ter uma imagem deles, além de um prato de oferendas ou outros itens associados a eles.
- Considere onde você cria arte fisicamente como um altar real. Essencialmente, um altar é onde a ação e a comunicação acontecem. O que ajudaria a transformar sua mesa, escrivaninha ou chão em um altar?

Por fim, lembre-se de que, se você definir qual é o seu propósito ou objetivo ao começar, isso definirá a estrutura para tudo o que fizer. Mesmo se fizer pausas, o objetivo ainda é um alvo constante. É possível que a aparência da arte que imaginou mude conforme você avança, mas isso não é um sinal para se desviar de sua intenção. Em vez disso, veja-a como algo que vai iluminar a sua visão enquanto você trabalha.

Na próxima seção, veremos o que pode acontecer quando introduzimos companheiros espirituais de trabalho no processo e como isso pode afetar nosso propósito e fatores a serem considerados ao usar sigilos em rituais.

ARTE, DIVINDADES E ESPÍRITOS

Há bastante tempo existem muitas conjecturas sobre quem ou o que é retratado na arte figurativa de antigas pinturas rupestres e petróglifos. Será que elas representam nós mesmos, os espíritos, as divindades, seres alienígenas, metamorfos, trabalhadores mágicos?

E por que não todos eles? Vemos os mesmos tipos de exploração artística ao nosso redor hoje em nossos livros, filmes, peças de teatro e arte. Temos um corpo de arte global bastante extenso e razoavelmente bem preservado que retrata não apenas divindades, mas também humanos incríveis e criaturas misteriosas. Sempre fomos criativos e respondemos bem à forma visual.

Alguns arqueólogos especulam que a arte antiga deve ter sido feita para apaziguar Deuses e espíritos, porque nossos ancestrais eram dominados pela natureza. Acho que isso é mais uma evidência de nossos próprios medos modernos e desconectados da natureza do que um reflexo dos medos ou crenças religiosas de nossos ancestrais. Muito depois de sairmos das cavernas e entrarmos em vilas e cidades, continuamos a nos deleitar em fazer arte divina e mítica. Quando olhamos para a história da arte, vemos que temos constantemente criado e recriado os Deuses com a nossa própria imagem, além de imaginar algo além disso. Através da arte, estamos nos comunicando com o divino tanto quanto descobrindo a nós mesmos.

Vamos examinar algumas maneiras práticas de explorar os mundos divino e espiritual por meio da arte.

Trabalhando com Divindades e Espíritos

A arte visual que crio para comungar com divindades e espíritos tende a se enquadrar em duas categorias principais: figurativa/icônica e sigilo/símbolo. Esses dois grupos também podem ser separados em público e pessoal, respectivamente.

Trabalho figurativo/icônico é arte 2D (pinturas, desenhos, gravuras) ou 3D (escultura, figurino, joias) e que tende a dar um rosto e/ou corpo à uma divindade ou espírito. Há quase sempre olhos que olham para fora para se conectar com o espectador, o que considero um fator importante. O processo de criação da arte é privado, mas o resultado final quase sempre é bem público[28], pois as pessoas podem comprar meu trabalho original e impressões dele em vários formatos. Meu trabalho é exibido em galerias, impresso em revistas e compartilhado on-line.

Geralmente, o trabalho do sigilo/símbolo é um simples desenho em uma linha que se conecta ou se comunica com uma certa divindade ou espírito. É desenhado em devoção ou em reconhecimento a esse ser. Desenhar o sigilo durante o ritual pode atuar como um portal temporário confirmado, dependendo da tradição e do rito. Outra maneira de olhar para esses tipos de sigilos é que eles são uma porta, e o dedicado

---

28 O resultado final é realmente público, a menos que a arte tenha sido criada para um cliente ou grupo que deseja usá-la exclusivamente.

praticante atua como uma chave especializada ao utilizar o sigilo. Isso não significa que a porta está sempre aberta, assim como a porta da sua casa nem sempre está aberta ou destrancada só porque você tem a chave dela. É preciso haver intenção, permissão e ação no pedido para acessar essa porta. Mesmo em um estado estático ou inativo, o sigilo age como um lembrete da conexão, que tem um certo poder próprio.

Esses tipos de sigilos geralmente são criados em particular e são destinados a trabalhos pessoais. Há sigilos e símbolos que aparecem em meus trabalhos figurativos, mas são destinados a ajudar os outros a se conectarem com o trabalho/divindade em vez de utilizar meu próprio sistema pessoal. Basicamente, uma divindade ou sigilo espiritual é um pouco como ter um número de telefone privado e não listado que só você conhece.

Como praticante de magia, você tem a opção de trabalhar com a arte figurativa/icônica existente ou criar a sua própria. Você mesmo criando a arte, definitivamente adiciona outra camada de conexão, já que há todo um processo de criação envolvido, mas trabalhar com a arte existente não é necessariamente um ato menor. O resultado final do trabalho figurativo/icônico é um tipo de magia em si. Não apenas um subproduto do processo de criação, ele ganha vida própria, como algo que os outros também podem se conectar, mesmo sem ter estado diretamente envolvidos na criação.

Por exemplo, eu amo estátuas e terei prazer em comprá-las se a imagem tocar meu coração. Eu *poderia* esculpir eu mesma, mas raramente tenho tempo e acesso aos materiais certos para produzir o que gostaria de ver. Então, quando me deparo com uma estátua que retrata uma divindade como eu a percebo, se estiver no meu orçamento, provavelmente vai voltar para casa comigo. A compra de trabalhos de arte já prontos também não é necessariamente passiva. Quando decoramos uma escultura, colocamos arte em um porta-retrato ou colocamos uma vela ou flores diante da representação de um ícone, estamos nos envolvendo com a arte. Todos esses são atos de devoção e comunicação.

Estou cada vez menos propensa a usar pessoalmente um sigilo ou símbolo público, a menos que seja parte de uma Tradição da qual faço parte (o que geralmente significa que não é público de qualquer maneira). Muitas vezes vejo pessoas on-line lutando para encontrar "o mais antigo" ou "o melhor" símbolo/sigilo para trabalhar com esta divindade ou aquele espírito. Quando vou conferir o tópico, vejo que o chamado "sigilo antigo" foi algo que foi inventado e publicado pela primeira vez em um grimório em 1998[29]. Como obviamente estou defendendo a criação de seus próprios sigilos aqui, não estou dizendo que há algo de errado com aquele sigilo de 1998. As pessoas parecem pensar que mais antigo é algo melhor, e nem sempre são francos sobre como isso foi feito ou o que significa. No entanto, se um símbolo tiver sido consistentemente associado a uma divindade por séculos (com uma evidência arqueológica que prove isso), pode ser um bom lugar para começar.

Então, como você sabe quando é uma boa ideia criar sua própria divindade ou arte espiritual? Para a arte figurativa, se você não conseguir encontrar um trabalho que se encaixe na sua ideia da divindade (que já esteja pronta ou que caiba no seu orçamento), então, definitivamente, experimente fazer arte. Você também pode usar o processo como uma forma de se aproximar dessa divindade ou espírito e expandir seu conhecimento sobre eles. Se você olhar meu portfólio, vai ver que existem várias divindades das quais fiz inúmeras pinturas ao longo dos anos. Cada pintura é uma exploração de outro aspecto da nossa conexão.

ARTES & TRABALHOS MANUAIS
MATTHEW VENUS

Minha abordagem da magia, da espiritualidade e do mundo é a de um animista, o que significa acreditar que todas as coisas podem ser consideradas como um espírito e virtudes espirituais que refletem sua natureza e história. Isso se aplica não apenas a objetos e fenômenos naturais, mas também àquela coisa feita por nossas mãos, à arte. Muitas das peças que crio são objetos que são destinados a serem animados, ou o que poderíamos chamar de "vasos espirituais". Essas peças se destinam essencialmente a funcionar como um corpo terreno para seres incorpóreos. E, para mim, esse tipo de trabalho repousa intrinsecamente e diretamente na interseção da arte e da magia.

Normalmente, eu abordo esses recipientes espirituais de duas maneiras. A primeira cai mais na categoria do que pode ser considerado construção espiritual, em que os materiais e o design da peça passam a fazer parte do processo de criação ou revelação do espírito que habitará nele.

29 Desculpe, pessoal - 1998 pode mesmo ser da última década do século anterior, mas a história ancestral não é.

Efígie do Espírito do Lugar, Criada em Residência no Star & Snake, de Matthew Venus

Estou essencialmente reunindo vários produtos botânicos, animais, minerais ou materiais feitos pelo homem com elementos simbólicos e estéticos, para criar um pouco de utopia a partir de elementos díspares. Nestes casos, às vezes é difícil discernir se é através do ato da criação que o próprio espírito está sendo construído, ou se ao invés disso a inspiração (um termo cuja etimologia vale a pena considerar aqui) para a peça é na verdade uma forma de comunhão e coconjuração entre um espírito previamente indefinido e o artesão.

Na segunda abordagem, estou criando recipientes/casas espirituais para objetos previamente conhecidos e espíritos/divindades consagrados. Essas criações geralmente servem como objetos devocionais, pontos focais de um ritual e ícones, bem como recipientes espirituais. Nesta abordagem, é um pouco mais focado reunir elementos que estão em alinhamento e agradam ao espírito ou divindade em questão, a fim de criar uma conexão entre o espírito e essa âncora devocional no reino material.

Uma Efígie Criada para Servir como Casa para um Espírito, de Matthew Venus

Através da arte de criar recipientes espirituais, ou, sem dúvida, criando arte em geral, estamos nos envolvendo em alguns processos incrivelmente significativos e mágicos. Primeiro, estamos fazendo para seres incorpóreos o que eles não podem fazer por si mesmos: estamos dando a eles corpo, forma e fisicalidade. Estamos conjurando o espírito na matéria por meio de um ato que é simultaneamente de oferenda, devoção e nascimento. Através deste processo, somos capazes de pegar na mão do invisível não manifesto, para que atravesse o véu e crie um ponto de acesso, um corpo para que ele habite dentro do reino físico.

Em segundo lugar, tal ato é, em última análise, a conversa entre espírito e matéria, e quando nós, como artistas, nos colocamos como pontos de acesso para o processo, estamos nos alinhando com uma forma de "divindade" ou com o "divino". Nós somos o autor, o artesão, o construtor, o mágico, o feiticeiro, o Criador. E no processo de criar "corpos" de matéria – que devem ser habitados pelo espírito – somos como muitos dos Deuses ancestrais que dizem ter esculpido humanos do barro e soprado vida (inspirado) neles. Alinhando com a nossa criatividade e nos envolvendo no processo criativo, comungando com o que nos inspira, estamos nos conectando com nossa natureza divina enquanto também participamos de algo bastante único para a experiência humana – ou seja, desejar criar o mundo à nossa própria imagem.

Saiba mais sobre Matthew em SpiritusArcanum.com e @Spiritus_Arcanum no Instagram

Diretrizes para fazer Arte Figurativa/Icônica de Divindades e Espíritos

- **Faça sua pesquisa, parte 1:** leia os mitos e o folclore associados a esse ser. Busque quantas fontes puder. Anote o que ressoa fortemente com você. Visite a seção de antropologia antes de visitar a seção Nova Era/mágica para ver o que está no registro histórico. Existem melhores livros de divindades publicados recentemente pela comunidade oculta/mágica, mas há muita desinformação e pesquisa de má qualidade lá fora também. Contas de GPNVs (Gnose Pessoal Não Verificada)[30], podem mesmo tocar na essência de uma divindade ou espírito, mas às vezes eles são apresentados como verdade histórica *versus* a experiência espiritual de uma pessoa.
- **Faça sua pesquisa, parte 2:** observe a arte que já foi inspirada por essa divindade ou espírito. A pesquisa de imagens do Google é sua amiga aqui. Preste atenção à linguagem corporal, gestos, símbolos e configurações, especialmente quando eles aparecem repetidamente em pinturas e esculturas ao longo dos séculos.
- **Depois de concluir sua pesquisa** e reunir seus materiais, decida se você gostaria de montar um altar como parte de seu processo.
- **Esteja preparado para conversar** com a divindade ou espírito e esteja aberto a novas informações.

Esse último ponto é fundamental para trabalhar com divindades e espíritos, e não posso enfatizar o suficiente o quão importante é ouvir no processo de fazer arte. Para mim, há um espaço entre o que minha ideia de divindade/espírito é, e a ideia deles de como desejam ser apresentados. Na minha prática de Bruxaria, tenho uma vasta e extensa relação de trabalho com muitas divindades. Muito pouco desses relacionamentos é o que eu consideraria devocional, mesmo que a arte que estou fazendo seja usada como arte devocional por outros. Assim como contratar um fotógrafo para tirar uma foto profissional, meu trabalho como artista Bruxa normalmente é criar um retrato dessa entidade divina para colocar no mundo. Então, embora minhas pesquisas e esboços tenham ajudado, tenho que deixar espaço para a entrada da entidade. Acho fascinante que muitas vezes aprenderei coisas que, de alguma forma, não encontrei em

30 N.T.: em inglês, UPGs, Unverified Personal Gnosis.

minha pesquisa inicial, mas acabei encontrando no registro histórico mais tarde. Se me agarrasse à minha imagem/ideia inicial e não ouvisse enquanto trabalho, eu perderia tanto o aprendizado quanto a criação de uma imagem mais eficaz.

Você pode estar se perguntando: "Como posso saber se uma divindade ou espírito está falando comigo?" Eu acho que é diferente para todos, mas duvido que a maioria das experiências envolva vê-los e ouvi-los fisicamente. A melhor maneira de descrever a experiência é que estou ouvindo palavras ou vendo novas imagens em minha mente, mas não é minha própria consciência. Também posso encontrar sentimentos que também não são meus. Se algo está funcionando bem, pode haver uma sensação de entusiasmo e a arte se forma muito rapidamente. Se estou fora do caminho, há um puxão ou um arrasto, mesmo que o trabalho pareça bom para mim. A arte vai basicamente lutar até que eu a ouça e me ajuste.

Reflexões sobre a Criação de Sigilos para Divindades e Espíritos

- Grande parte da prática descrita neste livro é baseada em Bruxaria em sua abordagem. Isto significa que não estou falando sobre comandar divindades ou espíritos com sigilos, mas, sim, sobre o uso de sigilos para se comunicar/trabalhar com eles em nível de igualdade ou condescendência. Outra maneira de dizer isso é "poder com" *versus* "poder sobre".
- Se você deseja criar um sigilo pessoal para se aproximar de uma divindade ou espírito, você já deve ter estabelecido ou está em processo de estabelecer uma conexão com eles. Este não deve ser o primeiro encontro ou um encontro às cegas.
- Considere o que vocês dois estão procurando neste relacionamento e por que este sigilo seria útil.
- Crie um altar como parte de seu espaço de trabalho. Compartilhe um pouco de sua bebida ou refeição com eles enquanto trabalha. Acrescente incenso, velas, música – o que parecer certo.
- Tenha uma superfície de desenho robusta e de cor branca (como um bloco de desenho) e um instrumento de desenho que seja confortável, confiável e que não manche facilmente. Um marcador, caneta esferográfica ou lápis 6B são boas escolhas
- Sente-se em uma posição que facilite sua tarefa de desenhar e mantenha seu instrumento de desenho em contato com sua superfície.

- Concentre-se na divindade ou espírito e declare sua intenção. Pode ser tão simples como "eu gostaria de criar um sigilo para me conectar melhor com você. Por favor, junte-se a mim neste processo".
- A partir daqui, dependendo de como você visualiza (interna ou externamente), pode começar a ver imagens em sua mente, ou contemplar a superfície em branco do papel e começar a desenhar o que sente ou vê ali.
- Reserve um tempo para receber, desenhar e brincar com o que aparecer. Você pode não obter um design do sigilo completo imediatamente. Mas mais tarde, uma ideia pode chegar em um sonho ou como algo que fique aparente para você quando se sentar para finalizar o sigilo.
- Finalize o sigilo e experimente. Você pode desenhá-lo em uma vela, ungi-lo em seu corpo com óleo, gravá-lo em uma peça de joalheria ou transformá-lo em um trabalho permanente de arte que ficará situado em seu altar. Se fizer o último, você pode cobrir o painel com um pedaço de tecido quando não estiver trabalhando em seu altar.

O sigilo pode se transformar com o tempo, dependendo da sua conexão com a entidade e das novas informações que você pode aprender. Se eventualmente parar de trabalhar com essa divindade, você pode colocar o sigilo para descansar ritualmente.

Trabalhando com Espíritos do Lugar/Natureza

Embora você possa fazer arte figurativa ou sigilizatória para se conectar com o *genius loci* (espírito protetor de um lugar) ou um espírito da natureza, acho que uma abordagem mais livre e orientada para a localização é apreciada pelo espírito. Quando trabalho com espíritos do lugar, minha arte tende a ser mais focada em padrões naturais do que em desenhos específicos. Posso usar uma combinação de folhas, gravetos, bonecos naturais e ofertas de comida, água e sementes nativas para criar oferendas de arte e colocar em áreas específicas no local. Fico atenta para não perturbar o habitat natural ou deixar oferendas que possam prejudicar ou perturbar o meio ambiente e os animais ali residentes.

Por exemplo, eu não usaria sal em minhas oferendas de arte, a menos que já faça parte da paisagem, como resíduo de sal de um oceano ou salinas em um deserto. Também não deixaria nada sintético, apenas coisas que irão se biodegradar naturalmente, sem prejudicar as plantas e a vida selvagem.

Existem alguns casos, porém, que criar um sigilo para trabalhar com esses tipos de espíritos pode ajudar. Posso buscar a ajuda dos espíritos da terra para criar um sigilo projetado para proteger uma área em desenvolvimento, ou chegar aos espíritos residentes da minha casa e fazer um sigilo para proteger nosso lar e a área circundante. Eu convidaria esse espírito para trabalhar comigo depois de me apresentar e deixar uma oferta apropriada. Em áreas mais urbanas, outra excelente opção é oferecer um serviço ao invés de deixar uma oferta. A limpeza do lixo e de detritos não passa despercebida e é frequentemente apreciada pelos espíritos locais.

Oferta ao Espírito da Terra

Arte e Ancestrais

Podemos usar a arte para nos conectarmos com nossos ancestrais? Com certeza. Eu criaria um sigilo para fazer isso? Depende do ancestral. Se o meu desejo é me conectar com um de meus avós, acho mais fácil ir a uma foto ou a um objeto que eu associo a eles, como uma peça de joalheria que eles usavam regularmente. Este último contém uma essência familiar que geralmente abrigam várias memórias, o que cria um forte vínculo. Uma fotografia, por outro lado, contém sua aparência visual, o que atinge outra parte da minha memória de reconhecimento. Pode não parecer arte, mas fotografia significa tecnicamente "desenhar com luz".

Você pode conhecer alguém que já faleceu e tinha um certo símbolo associado a ele. Isto pode ter sido uma tatuagem que fizeram, ou uma classificação cultural ou profissional, ou simplesmente algo com o qual eles eram lembrados e que se fundiu com sua identidade.

Se eu não tiver fotos, objetos ou mesmo histórias de um antepassado em particular, posso considerar fazer uma pintura ou elaboração de um sigilo. É como levantar uma antena para transmitir mais longe. Siga o mesmo processo de como trabalhar com divindades e espíritos para criar seu sigilo.

É ISSO AÍ, BORA FAZER UM RITUAL!

Uma expressão que virou uma brincadeira na internet é "As palavras têm significado". Eu acho que é mais correto dizer "As palavras têm *significados*", no plural. Assim como marcas e símbolos podem ter uma variedade de significados, contexto e uso de palavras podem variar muito, dependendo de para quem, onde e quando você as está direcionando ou que programas de TV de fantasia sobrenatural tem assistido. Carregar e ativar são duas palavras que causam muita confusão, então aqui está como eu as vejo em um contexto ritual.

Carregar

Carregar algo na magia normalmente tem dois significados ou aplicações principais:

1. Para reforçar algo energeticamente, assim como você carregaria uma bateria.
2. Para dar um propósito a uma criação, atribuindo-lhe uma tarefa a ser executada, como "Eu encarrego você do propósito de curar X".

Costumo ver a *carga* aplicada como algo que você faz depois que um sigilo é criado (em outros métodos). Para o método Magia de Sigilo, você está tecnicamente fazendo as duas coisas ao criar o sigilo. Você começa definindo o propósito do sigilo na Etapa 1. Nas etapas 2 e 3, você está concentrando sua atenção no que está acontecendo no sigilo e dando-lhe poder ao desenhá-lo. Novamente, você pode chamar isso de "o dia depois da Etapa 3", porque o trabalho começou. A Etapa 4 tende a ser mais sobre ajudar seu corpo e seu cérebro a reconhecer o sigilo no mundo do que carregá-lo especificamente, mas há claramente algumas nuances a serem consideradas. Toda vez que redesenha o sigilo, você o está atualizando ou renovando. Mas você está apenas continuando o processo que começou no momento da criação do sigilo.

Ativar

Ativar tende a ser usado quase tanto quanto carregar quando se trata de sigilos, e geralmente é feito também no final do processo, como se perguntasse: "Então, onde está o botão Iniciar dessa coisa?"

Além de *ativar* não ser um termo que utilizo em meu processo, não posso deixar de pensar no ato de cozinhar ou assar quando ouço esta palavra. Em que ponto você está realmente *fazendo* a coisa? Tome como um exemplo, o processo de fazer *cookies*. É quando você resolve fazer uma determinada receita, reunindo os ingredientes, os mistura, aquece e os deixa descansar, ou quando você come os biscoitos? Ou é quando suas papilas gustativas dizem: "Esse é um biscoito muito gostoso"? O processo todo traz o *cookie* à existência. E até a massa de biscoito crua é muito saborosa.

Não é um único passo que faz a coisa acontecer; é todo o processo. E o processo varia de pessoa para pessoa, de receita para receita e assim por diante.

Veja, por exemplo, a Magia das Velas. Algumas pessoas passam um tempo esculpindo velas, traçando os desenhos, escolhendo ingredientes e cores específicas, untando as velas com óleos, etc., enquanto outras simplesmente queimam o que têm à mão. Ambos os métodos funcionam. Então há o argumento sobre como apagar corretamente uma vela. Algumas pessoas insistem que a vela deve ser apagada com um abafador de velas ou com os dedos, e costumam dizer que soprar a vela é desrespeitoso. Outras acreditam que, ao apagar a vela, você está aplicando vontade ou intenção e fundindo todas os elementos juntos em um momento (Ar e Água em sua respiração, Fogo como a chama e Terra como os materiais queimando, todos unidos pelo Espírito), eles acham que abafar a chama de uma vela é algo sufocante. Então há preocupações práticas sobre derramar cera e espalhar fumaça.

Nenhum desses métodos é certo ou errado, ou melhor ou pior. São apenas abordagens diferentes que levam ao mesmo resultado. Você pode praticamente conectar tudo o que é feito em Magia Simpática e Bruxaria para estimular seu cérebro. Cor, toque, paladar, sensação, atividade, visão, associações – todos eles falam com a parte visual do seu cérebro.

Quando era uma jovem Bruxa, descobri rapidamente que, mesmo apenas começando a pensar em fazer um feitiço, eu veria resultados quase imediatos. A mudança já havia sido iniciada, sem velas acesas, sem ervas colhidas e sem óleos usados. Acho que a maioria dos praticantes está familiarizada com esse fenômeno, mas ainda se sente melhor tendo um processo ou método para aplicar.

Assim, com sigilos e meu método, a mesma ideia está em jogo. No momento em que você se senta para pensar sobre o que gostaria de trabalhar, o feitiço já começou. À medida que resolve o problema ou objetivo em sua cabeça, você está basicamente escrevendo um código de computador para o seu cérebro. No processo de design, você organiza o código em uma ordem que faça sentido, remove qualquer informação desnecessária, resolve problemas e cria um produto acabado. No momento em que seu cérebro escolhe um design que lhe agrada, você basicamente pressiona a tecla *Enter*. A programação está em movimento. Qualquer coisa que você fizer depois desse momento simplesmente promove e/ou refina o protocolo que você estabeleceu, como colocar seu sigilo para bons hábitos de estudo em um biscoito e comê-lo.

Então, que parte do processo faz um *cookie* mágico? Todos eles. O truque é não ficar muito preso em palavras ou métodos previamente aprendidos e estar aberto a novas maneiras de fazer as coisas.

PRÁTICAS DE TRANSE

Quando me envolvo totalmente no processo de criação artística, meu cérebro e meu corpo entram automaticamente em um estado de transe. Existem muitos tipos de transes utilizados em rituais e tendemos a imaginar os mais dramáticos e extremos, como estados aparentemente inconscientes em que o corpo está totalmente relaxado, danças de transe extático e estados alternativos trazidos pelo uso de psicodélicos. Para mim, o tipo de transe em que me envolvo ao fazer arte é um estado de completa absorção mental ou reflexão profunda. Eu estou consciente, atenta e totalmente incorporada, mas muito focada, calma e confortável em minha tarefa. E tudo que eu tinha que fazer para chegar lá era sentar para fazer arte. Já fiz isso tantas vezes que todo o meu ser reconhece o que precisa fazer. É preciso apenas um pouco de prática para treinar seu corpo para conseguir esse nível de transe focado, para que você possa permanecer na tarefa e ainda ser receptivo.

ARTES & TRABALHOS MANUAIS
DAVID MEJIA

Heracles vs. Achelous, de David Mejia

Para mim, fazer arte é ir além da mera inspiração, cavar fundo no reino do seu Eu Próprio e estar em estado de transe para extrair o mítico e o criativo. Minhas melhores pinturas vieram deste reino mais profundo, e isso afeta até mesmo aqueles que as veem. Posso dizer quando toco em esse "algo a mais" pela forma como o espírito daquilo se move e flui para dentro da pintura e não se desprende dela. Como chegar a esse momento de transe? Com preparação ritualizada de cada peça que utilizo para pintar, às vezes trabalho sob os olhos do público (introvertido como sou, estar em público às vezes me força a ir ainda mais longe com minha arte), com música... Eventualmente, o mundo desaparece e sou apenas eu e o movimento da pintura.

Saiba mais sobre David em www.facebook.com/ Mejia-Arts-122796911150958.

Desenho Automático

Existem estados de transe um pouco menos focados, mas semelhantes, que também são úteis para a criação de arte. Esses estados permitem que você explore e se divirta. Nem sempre é preciso ter um propósito definido para toda a arte que faz. Você pode simplesmente encostar a caneta ou o lápis no papel e ver o que acontece. O meu desenho para o Sigilo da Mãe Matriz não tinha um propósito ou objetivo específico. Eu só precisava desenhar e deixar a imagem vir como ela desejasse.

Essa abordagem é chamada de "desenho automático". Você pode usar técnicas de desenho automático para adivinhação, mediunidade e desenvolvimento de habilidades:

- Adivinhação: às vezes, as respostas que procuramos podem ser reveladas ao desenhar ou escrever. Com essa abordagem em mente, pense em uma pergunta, defina um cronômetro de três a cinco minutos (se quiser) e permita-se simplesmente começar a desenhar. Se você sentir vontade, pode desenhar por mais tempo, se quiser.
- Mediunidade: o desenho automático pode ajudá-lo a relaxar e a se abrir mentalmente. Algumas pessoas usam essa técnica para ajudar a canalizar espíritos ou divindades, com a crença de que esses seres podem vir através do escritor ou da pessoa que desenha em transe – compartilhando mensagens ou imagens de outros reinos. A escrita automática foi uma técnica popular, especialmente no auge do movimento espírita, mas suas raízes são bem mais antigas. Muitas vezes, tudo o que é necessário é pensar na pessoa com quem você gostaria de entrar em contato e deixá-la vir. Tudo o que vem a você flui de sua mão para o papel.
- Desenvolvimento de habilidades: se você se sente desconfortável com o desenho, é provável que esteja julgando as marcas que faz antes mesmo de elas terem a chance de tomar forma. Você está dando muita importância ao resultado e ignorando mentalmente o processo. Praticar o desenho automático pode ajudá-lo a aprender a desligar a parte crítica do seu cérebro enquanto se familiariza com a própria ação de desenhar.

Há o benefício adicional de que o desenho automático não requer muita configuração para começar. Você só precisa estar em uma posição relativamente confortável (mas não tanto a ponto de cair no sono) e ter uma superfície de tamanho decente para desenhar (portanto, não uma nota adesiva, mas, sim, um bloco de papel de jornal de 21,5 por 31,5 centímetros funcionaria bem) e um instrumento de escrita confiável. Você vai querer ter espaço para sua mão e braço se movimentarem sem sair do papel. E não vai querer uma ferramenta de desenho que pode ficar sem tinta ou que falhe muito rapidamente. Um marcador úmido (que não seja fedorento), caneta esferográfica ou lápis funcionará bem. Você também pode tentar este exercício com um tablet e uma caneta digital usando um aplicativo de desenho.

Desenho Mãe Matriz (Desenhado com caneta e tinta, da Autora, 2015)

Depois de reunir seus materiais e se sentir confortável, faça três respirações lentas. Segure a primeira respiração por três segundos, a segunda por cinco segundos e a terceira por oito segundos. Isso acalma tanto seu corpo quanto sua mente. Olhe para a superfície em branco do papel e apenas deixe sua mão se mover através dele com a ferramenta escolhida. Não crie estratégias ou tente decifrar; simplesmente siga o movimento e deixe que venha – o que quer que sua mão queira fazer. Permita-se desenhar por pelo menos cinco minutos completos antes de tirar uma folga.

Existem algumas maneiras de brincar com este exercício:

- Tente desenhar com a mão não dominante.
- Em vez de observar o papel, feche os olhos enquanto desenha.
- Permita que sua mente fique mais fascinada com a sensação e o movimento da marca sendo feita do que com a aparência dela.
- Tente desenhar em uma linha contínua, sem levantar a ferramenta.
- Se você achar que está focando demais, use pouca iluminação para que seja mais difícil ver o que você está desenhando.

Eu recomendo reservar de quinze a vinte minutos por semana para explorar esta técnica até que você pegue o jeito. Isso também pode ser um exercício divertido para trazer para um ritual em grupo.

Uma Meditação para "Entrar" em um Sigilo

Se você está procurando integrar um sigilo em sua prática, seja um que você mesmo fez ou que encontrou, então deve explorar suas energias através de sua mente e corpo. A melhor maneira de conhecer um sigilo é desenhá-lo, e há várias maneiras de fazer isso. Cada um dos seguintes métodos irá encorajar um estado meditativo, semelhante ao transe:

- Pratique desenhar o sigilo com um lápis macio ou caneta fluida repetidas vezes.
- Contorne repetidamente o sigilo com o dedo, imprimindo-o em um pedaço de papel (grande o suficiente para acomodar seu dedo e qualquer pequeno detalhe) ou adicionando uma imagem dele à tela do seu telefone, tablet ou computador.
- Use todo o seu corpo para desenhar o sigilo[31]. Ao mover seus braços, pernas, quadris, etc., você pode construir e expressar as formas que compõem o sigilo e repeti-las.
- Desenhe o sigilo no chão com giz, grande o suficiente para caminhar sobre ele, se você tiver espaço e habilidade para fazer isso. Essa abordagem transforma o sigilo em uma espécie de caminho labiríntico para seguir.

---

31 Visite meu canal no YouTube para vários Exercícios de Bruxaria onde mostro como dançar um sigilo. Laura Tempest Zakroff YouTube Channel, *Witchual Workouts playlist*, https://www.youtube.com/playlist?list=PL2TYo23upMtGqS-9RG4dtW8gHwdec3rAf.

A QUANTIDADE DE MATERIAIS

Quando se trata de fazer arte, nós humanos sempre começamos com os materiais que estão mais acessíveis ao nosso alcance: terra, areia, pedras, carvão, osso, madeira, conchas, sangue, água. O chão sob nossos pés, o graveto derrubado do carvalho por uma tempestade, o carvão que sobrou da última fogueira da noite – eles podem não parecer valiosos em termos modernos, mas usar o que está por perto não é uma atitude preguiçosa; é prática. Muitos materiais foram incorporados à tradição, adquirindo conhecimento e importância significativos simplesmente porque eles funcionaram bem e estavam prontamente disponíveis. Itens como sal, fubá, pigmentos, ervas, flores e sementes representam sacrifícios que poderíamos usar de outros modos, bem como o investimento inicial de tempo gasto coletando, cultivando e/ou processando-os. Alguns desses itens podem viver outras vidas também, ingeridos por pássaros, insetos e outros animais.

Existe uma mentalidade que impulsiona a ideia de que você deseja obter o melhor, o mais sofisticado e o mais caro dos materiais e, se não puder, não vale a pena o esforço. Isso não é apenas um monte de besteira elitista, como simplesmente não é verdade. Você não precisa gastar muito dinheiro para fazer algo que valha a pena.

Claro, se parte do ritual envolve ter algo permanente ou durável, então você vai querer escolher seus materiais de acordo com essa intenção. Se eu quiser fazer uma escultura para ficar ao ar livre, não posso fazê-la com massinha de modelar Play-Doh. Ela precisa ser feita de algo que possa suportar os elementos da natureza. Se eu estivesse criando uma pintura para um templo, papelão e giz não seria o ideal. Em vez disso, meus materiais precisam ser arquivísticos e duráveis, adequados para a tarefa. Mas se eu vou fazer algum desenho automático para um exercício, um pedaço de papel jornal e um pedaço de carvão ou um marcador darão conta.

Se você deseja criar algo talismânico, deve considerar também a magia dos materiais. Minha amiga e incrível gravurista esotérica Liv Rainey-Smith ocasionalmente usa pedras semipreciosas trituradas para tingir à mão algumas de suas xilogravuras com tema de alquimia[32]. Existem artistas de cerâmica que coletam e processam argila para se conectarem com a terra. Algumas pessoas preferem fazer seu próprio papel, infundindo as fibras e a polpa com ervas específicas e moldando as folhas durante as fases

32 Veja o trabalho de Liv em sua loja Etsy shop, https://www.etsy.com/shop/Xylographilia.

da lua ou horas astrológicas específicas. Não é que esses materiais sejam necessariamente caros por natureza, mas exigem tempo e atenção para utilizá-los adequadamente, tornando-os especiais.

Agora, se você planeja fazer muita arte, muitas vezes vale a pena investir em materiais de qualidade se puder[33]. Alguns materiais baratos são frustrantes de se trabalhar e não duram muito. Por exemplo, com lápis de cor, os baratos têm muito mais cera/preenchimento do que pigmento, quebram facilmente e são difíceis de afiar. Por um valor um pouco maior, você pode comprar lápis que duram anos e fornecem uma experiência de desenho mais satisfatória[34]. Pelo custo de três a quatro pincéis, cujas cerdas caem toda vez que os usa, você pode ter um ou dois pincéis confiáveis e duradouros. Vale a pena fazer uma pequena pesquisa.

Uma boa pergunta a se fazer a si mesmo é se os materiais funcionam para o que precisa realizar. Se a resposta for sim, então você está bem. É o processo de criação de arte que é a parte mais poderosa da experiência – se você gasta 500 reais em materiais ou se contenta com o que tem, a quantidade de dinheiro gasto não garantirá um sigilo significativamente melhor ou um trabalho de arte mais eficaz. Uma divindade não vai bater em você porque optou pelas aquarelas para estudantes que estavam dentro do seu orçamento, ao invés de melhores materiais de nível profissional[35].

Abençoando os Materiais da Arte

Para ajudá-lo a entrar em uma mentalidade ritual, você pode fazer uma breve bênção dos materiais que está prestes a usar. É uma maneira excelente e simples de se preparar para começar a trabalhar e definir uma intenção para a arte:

> ESPÍRITO, ÁGUA, FOGO, TERRA E AR,
> EU ABENÇOO ESSAS FERRAMENTAS PARA MEU TRABALHO GUIAR.
> COM OLHOS FIRMES, MENTE, MÃOS E CORAÇÃO
> FLUA ARTE, ENCONTRE A INSPIRAÇÃO.

---

33 No Capítulo 4 do *Magia de Sigilo*, eu abordo sobre a escolha de materiais artísticos. Se você tem uma loja local dedicada a materiais de arte, é muito provável que artistas trabalhem lá e possam fazer recomendações com base na experiência.

34 Ainda uso uma caixa grande de lápis de cor Prismacolor que comprei no final dos anos 1990. Acabei de reabastecer as cores que mais uso, faço isso de vez em quando.

35 Se o fizerem, eu sinceramente recomendo encontrar outra divindade para trabalhar, ou dizer-lhes para aumentar seu orçamento se eles querem fazer esse tipo de exigência.

ARTES & TRABALHOS MANUAIS
POLLY LIND

Elen dos Caminhos, de Polly Lind

Comecei a fazer arte mágica porque estava procurando por algo que representasse quem eu sou e minha prática mágica, e isso foi criado com intenção mágica sagrada. Eu queria algo que fosse sagrado, mágico e conectado, e queria que representasse a terra em que vivo. Moro na Nova Zelândia, onde as estações são opostas às do Hemisfério Norte, e lançamos nossos Círculos na direção oposta, começando no Leste e depois seguindo para o Norte, que é o mesmo movimento que o nosso sol faz. Muito do que estava disponível na época seguia como era no Hemisfério Norte e era produzido em massa, e simplesmente não se encaixava no que eu estava procurando.

Eu uso tecido para criar todas as minhas obras de arte. Chamo estas peças de tapeçaria de aplicação moderna. O tecido apenas parece mais sagrado para mim, em parte, porque minha mãe e minha avó me ensinaram a costurar, por outro lado, porque roupas de tecido e estandartes têm sido usados como adornos sagrados para altares, templos, espaços sagrados e pessoas, provavelmente desde que os tecidos foram criados. Adoro o desafio de criar obras de arte usando tecido e costura, e me parece certo criar minha arte em tecido. Minhas tesouras, alfinetes, máquinas de costura, tecidos e algodões são minhas ferramentas sagradas, e meu estúdio é um espaço sagrado – meu templo – onde crio obras de arte mágicas.

Chamo as peças que crio de "portas". À medida que faço cada peça, lembro-me do que tenho aprendido com a pesquisa que faço e deixo a magia fluir e me conectar com a divindade ou imagem espiritual que estou criando, que por sua vez a conecta à peça em que estou trabalhando. Eu deixo que quem compra um original ou impresso meu, abra a porta. Não posso dizer como outra pessoa abriria a porta, pois é uma coisa muito pessoal. Imagino que pode ser feito com um ritual ornamentado ou uma simples oração, ou simplesmente dando batidas na parede ao lado de onde a obra está pendurada, convidando o espírito ou divindade. Ou, se a pessoa preferir, pode tê-la apenas como uma linda obra de arte.

Saiba mais sobre Polly em www.PollyLind.com

PROJETOS DE ARTE RITUAL

Existem inúmeras ideias sobre o que você pode fazer com a arte mágica. Aqui estão algumas ideias para obter um fluxo de inspiração:

- Faça uma pintura, desenho ou escultura de uma divindade ou espírito para usar como um ponto central para o seu altar.
- Incorpore Bruxaria em sua arte. Eu adoro pegar elementos que simpatizam com feitiços mágicos tradicionais e transformá-los em pinturas e desenhos. Eles podem ser pequenos e simples ou grandes e elaborados.
- Crie um ritual, máscara cerimonial ou traje para ritos específicos.
- Crie seu próprio oráculo ou baralho de Tarô.
- Faça seu próprio conjunto de runas.
- Crie joias talismânicas.
- Crie ferramentas e vasos rituais.
- Adorne seu altar com uma toalha ou estandarte para o seu espaço ritual.
- Crie um quadro de visualização para ajudá-lo a visualizar seus objetivos.
- Encaderne e decore um grimório ou Livro das Sombras.
- Faça seu próprio sigilo pessoal/identidade/assinatura para o seu trabalho.

- Crie um santuário portátil ou caixa de altar para viagens.
- Trabalhe com outras pessoas para criar um sigilo para seu Coven ou grupo que amplie seu foco.
- Crie bonecos, figuras humanas, montagens e outras peças mágicas esculturais.
- Imprima tecidos com temas mágicos para usar em toalhas de altar, bolsas de Tarô ou outras vestimentas rituais.
- Faça seu próprio espírito ou tabuleiro Ouija.

ARTES & TRABALHOS MANUAIS KAMBRIEL

Sempre houve um elemento inato de Bruxaria em minha costura. Tudo sobre a arte da criação pode se basear fundamentalmente na magia desde que haja a intenção de imbuir certo poder, esperança ou transformação no que está sendo trazido adiante, do pensamento intuitivo nascente à forma final desejada. A roupa é, em última análise, uma forma de arte íntima e poderosa, uma vez que é selecionada pessoalmente pelo usuário para ser usada diretamente sobre seu corpo e, portanto, carrega consigo a capacidade de fortalecer a aura do usuário, para ampliar elementos da essência de seu caráter antes mesmo de qualquer palavra ser dita. É uma honra fazer parte desse processo de aprimoramento, de reflexão e de transformação.

A energia e a intenção com que crio qualquer coisa são absolutamente elementares para o meu trabalho. Às vezes, eu as invoco dos lugares mais sombrios quando crio para mim mesma, se a inspiração para uma determinada peça em si exige, mas ao criar para qualquer outra pessoa, considero primordial imbuir a obra apenas de encantamentos positivos. Quando tal energia elementar é imbuída na arte que se cria, quando todo o trabalho é incorporado à meditação consciente, essa peça carregará essa energia original para o futuro. Isso torna tudo mais vital para alguém ficar bastante atento ao propósito da energia puxada para fora e costurada em qualquer peça ao longo do processo de trazê-la à vida, pois esses pensamentos, esses sentimentos irão permear o fio formativo mais profundo de seu ser.

Não é por acaso que tal foco foi colocado nas vestimentas dos Magos ao longo do tempo – as túnicas esvoaçantes, os chapéus sombreados, os xales emaranhados de seda e lã. As roupas pessoais são imbuídas do espírito do criador, bem como do espírito do usuário. As roupas são fantasmas vestíveis, fortalecidos e assombrados por suas memórias.

Saiba mais sobre Kambriel em www.Kambriel.com e @kambrieldesign no Twitter

Foto de Kambriel, de DividingMe

APLICAÇÕES DO SIGILO

Em *Magia de Sigilo*, abordo uma ampla variedade de aplicações para sigilos. Para referência rápida, incluí algumas dessas ideias aqui, bem como algumas novas para considerar.

Fora do Corpo (Na Pele)

- Use maquiagem ou henna para marcas temporárias e tatuagens para as permanentes, ou unja a si mesmo com óleo.
- Entalhe sigilos em sabonete para lavar o corpo.
- Pinte ou desenhe sigilos/arte em roupas ou faça joias (para o dia a dia ou para ocasiões especiais) com eles.
- Trace, ande, dance ou gesticule o sigilo.

Dentro do Corpo (Comida e Bebida)

- Misture sigilos em sua bebida.
- Desenhe sigilos em um saquinho de chá ou filtro de café.
- Cozinhe sigilos em alimentos (sanduíches, biscoitos, tortas, sopas, etc.).
- Coloque a arte/sigilos em uma garrafa reutilizável.

Dentro de Casa

- Desenhe sigilos em portas e janelas para proteção.
- Coloque sigilos nas velas.
- Adorne altares com sigilos.
- Desenhe sigilos no ar com bastão de incenso ou um bastão de fumaça para limpar um espaço.

Fora de Casa

- Coloque post-it com sigilos ou deixe os sigilos ocultos no local de trabalho.
- Coloque sigilos em pedras ou em outros pontos específicos ao redor de sua propriedade.
- Desenhe sigilos com giz em espaços onde as pessoas se reúnem.
- Desenhe sigilos em carros e outros veículos.

Qualquer um desses projetos de arte ritual e aplicações de sigilo podem ser feitos de maneiras tão simples ou complexas quanto você desejar. Tudo depende do que você deseja alcançar com a experiência. Antes de fazer qualquer coisa, porém, pergunte a si mesmo: "Este sigilo (ou obra de arte) faz sentido com esta aplicação?" Se você fizer o que é apropriado em vez de apenas o que é mais fácil, provavelmente ficará satisfeito com os resultados.

APÓS A ARTE

Outra grande dúvida que as pessoas têm sobre arte e magia é "O que eu faço com a arte depois que o meu objetivo for alcançado ou o trabalho estiver concluído?"

Tenho que admitir que esta pergunta causou um pouco de surpresa para mim no começo. Como artista, as circunstâncias gerais são as seguintes: eu faço arte, então eu a guardo ou vendo (ou passo adiante de alguma forma). Quando termino quase todas as pinturas, meu parceiro pergunta: "Podemos ficar com esta?" Obviamente se a obra não foi criada por encomenda de outra pessoa (então ela ganha uma casa), as opções são mantê-la ou vendê-la/compartilhá-la. Os sigilos são compartilhados (já que devem ser distribuídos se forem voltados para o coletivo), mas as pinturas ocupam um espaço significativo. Se elas não se mudassem para uma nova casa, nós seríamos enterrados vivos em artes.

Mas sei que não é bem isso que as pessoas querem dizer quando fazem essa pergunta. Elas querem saber o que fazer com a arte após a conclusão do objetivo. É seguro ou inteligente mantê-la por perto? Você precisa segurá-la ou pode deixá-la ir?

Acho que a resposta depende muito do porquê a arte foi criada e como ela deveria ser usada. Algumas obras de arte são projetadas para a ruína. Você pode olhar para uma obra de arte de Bruxaria como um disco de vinil. Podemos colocar um disco a qualquer momento para ouvir e guardá-lo o resto do tempo. Com a obra de arte não é diferente, você pode retirá-la para ocasiões específicas e, em seguida, devolvê-la ao armário quando não precisar dela.

Algumas peças têm um senso de sacrifício embutido – elas devem ser destruídas assim que o objetivo for concluído. Pode ser que a magia esteja ligada à fabricação do objeto; o processo é o que é devocional e o resultado é para ser destruído. Outras peças atuam como uma crisálida – um recipiente vital que atua como uma incubadora até que a mudança desejada ocorra – por exemplo, um feitiço de proteção enquanto alguém está passando por uma provação, ou um feitiço de ligação até que alguém supere um mau hábito ou comportamento.

Outras peças de arte são muito amadas e usadas, mas encontram um fim prematuro. Talvez aquela linda tigela de oferenda feita à mão tenha caído acidentalmente e se quebrado. Talvez o seu ritual no quarto do porão tenha sido inundado e sua pintura de divindade foi arruinada por água e mofo, ou mariposas comeram sua máscara ritual. A arte tende a ser muito mais efêmera do que pensamos. Não é páreo para incêndios, furacões, tornados e mofo. Todas essas coisas acontecem e às vezes não há como salvar a arte. Isto é comovente e muitas vezes deixa o praticante se perguntando o que fazer com os tristes restos mortais.

Para essas situações, muitas vezes recorro aos elementos para ritualizar o próximo passo:

- Água: purifica ou dissolve
- Ar: inspira/divulga ideias ou dispersa
- Fogo: transforma ou erradica
- Terra: enraíza ou cobre/submerge

Se você deseja aposentar ritualmente um sigilo ou outra peça de arte mágica que fez, aqui estão algumas ideias. Agora, se estiver acompanhando os sigilos em um grimório ou caderno de esboços, observe que não é necessário destruir seu livro ou arrancar suas páginas. É bom manter um registro do que você fez, incluindo a finalidade, data e outros detalhes importantes. Retirar um sigilo ou outra obra de arte é mais sobre o processo ritual para nossa própria satisfação e sensação de conclusão. Você pode criar o sigilo em papel ou outro material mais uma vez (fora de seu livro) para usar no ritual, isso se já não tiver feito algo. O processo de desenhá-lo uma última vez com a aplicação de um ritual de retirada ajuda a completar o ciclo todo de uma vez.

- Dissipá-lo no ar: desenhe o sigilo com incenso ou um bastão de fumaça de ervas, de preferência do lado de fora, onde o vento possa levá-lo embora.
- Liberte-o pelo fogo: desenhe o sigilo em um pedaço de papel ou folha seca e queime-o em seu Caldeirão. Espalhe ou enterre as cinzas.
- Dissolva-o em água: se você estiver longe do mar, desenhe o sigilo com sal, mel ou outra coisa que se dissolva facilmente na água. Se você estiver perto de um corpo de água como um riacho ou oceano, desenhe o sigilo na areia/lama onde será lavado e apagado.

- Enterre-o: desenhe o sigilo em algo compostável e enterre-o com amor e apreço. Um belo gesto adicional é colocar sementes ou uma planta por cima.

O que torna a retirada de um sigilo diferente de aplicá-lo no início do ciclo é sua intenção e um sentimento de gratidão e apreço pelo trabalho realizado. À medida que se envolve em qualquer um desses processos, tenha em mente que você não está destruindo o seu trabalho, mas reconhecendo a mudança na relação com ele conforme segue em frente.

Sinceramente, existem tantas maneiras de interagir com seus sigilos e obras mágicas quanto há estrelas no céu. O que mais importa é que o ritual funcione para você e para o que precisa ser feito em sua prática.

Um Ritual de Gratidão ou Bênção para Eliminar um Trabalho de Magia

Se você está guardando uma peça por tempo indeterminado, mas quer preservá-la, pode fazer o processo ritual de embrulhá-la e guardá-la. É melhor armazenar obras de arte usando materiais de arquivo, como utensílios sem ácido e caixas à prova de luz. Para sigilos, você pode manter uma pasta especial ou caixa de fotos para guardar os desenhos assim que terminar. Peças de arte maiores você pode embrulhá-las em tecido e guardá-las em um recipiente adequado. Quando terminar de encerrar seu trabalho, você pode desenhar um Pentagrama no recipiente (e/ou consagrá-lo com os elementos que tiver, se desejar) e dizer:

DENTRO DOS ELEMENTOS EU LHE CONCEDO O DESCANSAR,
RECONHECENDO A MAGIA QUE VOCÊ PODE ABENÇOAR.

Se a peça tiver um nome, você pode começar a tratá-la como tal. Por exemplo:

AO MEU SIGILO DO LUGAR, DENTRO DOS ELEMENTOS...

Eu também gosto de adicionar um simples "obrigada" no final.

Um Ritual para Renovar, Reaproveitar ou Reformar uma Obra Mágica

Às vezes você pode descobrir que gostaria de trazer de volta uma peça que aposentou. Você pode precisar dela novamente para o mesmo propósito ou modificá-la de alguma forma para um propósito relacionado. Se é algo que nunca retirou e guardou oficialmente, e que apenas parou de usar ativamente por um tempo, então pode usar esse ritual também se quiser reacender a conexão. Ao dizer as palavras, você pode usar elementos para abençoar a obra, mas cuidado para não danificar a peça por acidente. Se estiver preocupado sobre danos causados por água, fogo, fumaça ou sal, então apenas use símbolos elementais ou coloque o trabalho no centro de um Círculo de elementos ativos (vela, tigela de água, sal, incenso, etc.).

Ó SER DA ARTE, SEJA BEM-VINDO NOVAMENTE
DESPERTE UMA VEZ MAIS, É HORA DE REINICIAR FELIZMENTE
COM MINHAS PALAVRAS, EU TE ABENÇOO COM O AR SAGRADO,
COM A ÁGUA SELADA E PELO FOGO SUAVE ABENÇOADO.
MARCA TERRENA DESENHADA E EM ESPÍRITO FEITA
COMECE NOVAMENTE A MAGIA PERFEITA!

Agora você pode usar o trabalho como antes ou modificá-lo para atender às suas necessidades.

FOME DE CRIAÇÃO

Você chegou ao final da Parte 1: Criar. Dê a si mesmo tempo para brincar, explorar e experimentar as ideias apresentadas. Descubra você mesmo a sensação de fazer marcas induzidas pelo transe, deixe vir à tona seu próprio tesouro de símbolos escondidos e construa sua confiança através da prática. Encontre os rituais que fazem sentido para o seu caminho mágico e invista neles para aumentar sua criatividade e senso de admiração.

Na Parte II: Colaborar, você vai explorar possibilidades do que pode acontecer quando passar a fazer arte pensando em si mesmo e começar a criar de forma colaborativa. Do poder de deixar sua arte pública para criar trabalhos comunitariamente como uma magia compartilhada, você vai encontrar uma variedade de coisas importantes a considerar. E vai encontrar também, uma coleção de sigilos mágicos compartilhados que poderá usar, se desejar, e que vai ajudar a orientá-lo e a inspirá-lo em seu próprio trabalho no futuro.

Parte II
COLABORAR

Capítulo 5

FORA DO MUNDO

Reconheço a utilidade da imagem contra as adversidades como uma experiência humana fundamental e, pode-se dizer, que isso é o papel primordial do artista público.
– Eliza Gauger, *Problem Glyphs*

Neste capítulo, veremos os sigilos que, por sua própria natureza livre, devem ficar espalhados pelo mundo, assim como eles funcionam e o que considerar ao criá-los e usá-los. Ou, como eu gosto de dizer, onde o microcosmo se junta ao macrocosmo e faz uma festa. Isso significa criar uma oportunidade onde o pessoal e o público podem se cruzar, afetando o mundo magicamente.

Pode parecer estranho ou mesmo herético para algumas pessoas criarem sigilos que são projetados para o bem do público em geral, mas a arte funciona para a experiência pessoal, bem como para benefícios coletivos. A diferença entre um sigilo privado e um sigilo mágico compartilhado é que o último é criado para ter um foco maior e para ser utilizado por vários indivíduos que trabalham para um objetivo comum. Esses sigilos não são apenas eficazes para uso comunitário, existem sigilos pessoais que podem ser usados de maneiras muito públicas, como os sigilos que podem ser usados para promover seu negócio ou proteger um espaço. Há também a importância de criar sigilos para outros em uma escala mais individual. Coletivamente, todas essas variações envolvem a colaboração com outras pessoas em algum nível, seja ativa, subliminar ou de outra forma. Fazer escolhas sobre o tamanho e a escala de um sigilo, bem como sua colocação e exposição afetam o público e como eles podem ser influenciados por esse trabalho. Quer trabalhemos intencionalmente com ou para outros, estamos criando uma relação colaborativa entre a arte e o mundo ao nosso redor.

DESIGN DE ARTE MÁGICA PÚBLICA

O que significa quando a arte entra no âmbito público? Como ela nos afeta? Quando a maioria das pessoas ouve ou lê as palavras arte pública, elas geralmente pensam instantaneamente em grandes murais nas laterais dos edifícios e esculturas em parques. Este tipo de arte embeleza os espaços públicos e mostra um apoio óbvio artístico, pelo menos na superfície.

Muitas cidades agora têm arte pública como parte de seu encargo de planejamento público. Por exemplo, Seattle em Washington, em 1973, foi uma das primeiras cidades dos Estados Unidos a adotar uma lei de porcentagem para arte, que determina que um por cento dos fundos elegíveis para projetos de melhoria da capital da cidade sejam reservados para a ordem de compra e instalação de obras de arte públicas[36]. Muitas vezes, isso também ajuda a reduzir impostos de muitas grandes corporações e desenvolvedores.

Às vezes, a arte pública não é apenas como um dever ou para uma redução de impostos, mas também parte da cultura. Na cidade de Providence, em Rhode Island, a The Avenue Concept (TAC), trabalha com empresas e organizações locais para financiar e apoiar a criação e a instalação de obras de arte em espaços públicos. Como parte de sua missão decretada, eles acreditam que a arte pública deve convidar ao engajamento e à interação – não à observação passiva – e que a arte anima e melhora as cidades, conta histórias e agrega valor aos espaços públicos[37]. Por exemplo, em 2018, a TAC ajudou a criar o mural de seis andares "Still Here" em cooperação com o Museu Tomaquag e a artista Gaia[38]. A imagem é de uma jovem indígena contemporânea, circundada pela flora nativa, segurando um retrato da Princesa Red Wing (uma anciã, historiadora, folclorista e curadora Narragansett/Pokanoket-Wampanoag). De acordo com a TAC, o mural pretende inspirar e celebrar a resiliência dos povos indígenas de Rhode Island. Com certeza isso chama a atenção e transforma o espaço de forma poderosa.

A arte pública, especialmente na forma de grandes murais e grandes esculturas, é fácil de ser registrada pelo nosso olhar. Mas muitas vezes negligenciamos a arte e o design que estão presentes ao nosso redor, interagindo conosco diariamente. A arte está tão bem integrada na nossa vida moderna, que tendemos a não percebê-la.

---

36 "Arte Pública", Cidade de Seattle, https://www.seattle.gov/arts/programs/public-art.

37 *About* ("Sobre") O Conceito de Avenida, https://theavenueconcept.org/about.

38 "Still Here", O Conceito da Avenida, https://theavenueconcept.org/artworks/still-here.

Uma das formas mais difundidas de arte pública influente é o design gráfico. Todo o reino do design gráfico captura sua atenção, constrói marcas, comunica ideias e vende produtos ou serviços. Ou, como define o *AIGA* (*American Institute of Graphic Arts*)[39], em Nova Iorque: o design gráfico é "a arte e a prática de planejar e projetar ideias e experiências com recursos visuais e conteúdo textual".[40] O design gráfico é a manipulação de formas, cores, texturas, tamanhos e fontes para criar conexão, geralmente ligadas a uma resposta emocional e/ou intelectual. Desde anúncios na lateral de um ônibus ou em seu feed na mídia social e sites, até embalagens de produtos, marcas e logotipos, todos estão sob o título de um design gráfico.

O design não se limita apenas a anúncios, sites e capas de livros. Os arquitetos consideram esses elementos ao desenhar edifícios. Designers industriais os utilizam no design de produtos, desde os pratos onde você come seu jantar até o celular que você usa. Aquele parque público pelo qual você caminha foi planejado por paisagistas. Todos eles são feitos para interagir conosco, contar uma história, invocar uma emoção ou reação mental, mesmo que seja mais no nível subconsciente.

Designers criam conteúdos visuais para comunicar mensagens a um público-alvo específico. Essas mensagens utilizam princípios clássicos de design, como equilíbrio, contraste, movimento, proporção, ritmo e ênfase, muitos dos quais são conceitos que abordamos no Capítulo 3 para criar sigilos mais eficazes. Da mesma forma, em qualquer projeto de design gráfico, há um objetivo claramente definido e elementos incorporados dentro do design para ajudar a alcançar esse objetivo. Depois, a forma como o design final é aplicado, ajuda a reforçar esses objetivos.

Mas então logos, marcas e outros tipos de símbolos são todos algum tipo de sigilo? Esta é uma pergunta complicada de se responder, porque assim que começar a pesquisar os símbolos, você vai notar muitas semelhanças com os sigilos. Muito do que costuma ser dito como necessário para trabalhar a magia (vontade, intenção, foco e manipulação ou influência sobre uma pessoa, lugar ou coisa) também faz parte do processo do design gráfico. Se você definir um sigilo como "um símbolo que acredita ter propriedades mágicas", então tudo se resume a como você mesmo vê a prática da magia e a aplicação daquilo que crê.

---

39 N.T.: Instituto Americano de Artes Gráficas.

40 Juliette Cezzar, *The AIGA Guide to Careers in Graphic and Communication Design* (New York: Bloomsbury, 2018), 15.

A ARTE DA MAGIA COMPARTILHADA

Como funciona a magia compartilhada? A premissa é simples: grandes ideias requerem grande ajuda. Quanto mais gente, mais poder/energia/atenção pode ser direcionado para um objetivo ou questão. Quando um grupo de pessoas, mesmo que estejam longe por distância ou identidade, têm um objetivo comum com uma visão clara, o trabalho se move mais rápido. Um sigilo mágico compartilhado ajuda a ampliar e a coordenar esse esforço de forma mais eficaz do que trabalhos múltiplos singulares ou desorganizados.

Meu primeiro sigilo mágico compartilhado foi o Sigilo de Poder (página 180). Senti a necessidade de ajudar e proteger pessoas em minha comunidade imediata e além, então liberei o sigilo para o mundo. Fiquei surpresa quando tantas pessoas se conectaram instantaneamente com ele. Basicamente ele se tornou viral em uma noite e ainda segue andando.

Tem sido uma experiência incrível observar esses sigilos espalhados pela internet, especialmente para ver quem os compartilhou (e às vezes por quê) e dar uma olhada em como eles estão sendo utilizados e como são recebidos. A maioria das pessoas parece adotá-los e usá-los instantaneamente. Também há pessoas com diferentes visões políticas ou mágicas que se zangam sem nem refletir sobre eles. Ao que eu digo, o propósito básico de cada um desses sigilos é apoiar a humanidade, envolver tanto a emoção como a lógica e incentivar a compreensão respeitosa. Eu acredito que é uma linha de base que todos deveriam concordar.

Em termos de tornar a magia pública e acessível, é importante considerar o tempo e o local. Lá estão trabalhos que, por design e natureza, devem ser mantidos em segredo, alocados ao reino do silêncio e do mistério não dito. Seu poder vibra nas dobras do veludo escuro, sentido, ainda que não seja visto. Eles mudam e causam mudanças como raízes sob a terra, movendo-se um pouco de cada vez, lenta e constantemente.

Do mesmo modo, existem trabalhos que são projetados para serem públicos, conhecidos, exibidos e falados. A cada visualização e compartilhamento, seu poder aumenta como uma maré alta, criando ondas que causam a mudança. Esses trabalhos inspiram, entusiasmam e revigoram através de seu uso e presença. Eles se tornam um oceano que não pode ser contido facilmente, porque as ondas podem se tornar infinitas, esculpindo uma nova paisagem.

Ambos os tipos de trabalho são necessários e é crucial saber a hora e o local certos para cada um deles.

Os sigilos mágicos compartilhados pelo design, devem ser públicos. Eles prosperam no uso e na repetição; cada uso é uma onda crescente de mudança. Outros podem tentar lutar contra a onda, mas o oceano não pode ser detido. Os sigilos trabalham com o fluxo da humanidade. A imagem visual, o método de aplicação física ou interação metafísica e, mais importante, os pensamentos sobre os quais o símbolo foi criado. Tudo isso ajuda a desbloquear e a fortalecer o sigilo. Eles continuam a trabalhar subliminarmente, nos bastidores, muito como o sistema operacional de um computador ou telefone. E ajudam cada um de nós a refletir sobre o que valorizamos e como podemos manifestar mudanças em nosso mundo pessoal e, por sua vez, afetar o macrocosmo. Pequenas mudanças de posição, novas inspirações, réstias de luz se filtrando: nada muito dramático a nível pessoal, mas ainda há mudanças que você pode deixar para trás e ver como o mosaico se junta. Este é o poder da magia compartilhada, e isso pode fazer uma grande diferença.

Participando da Magia Compartilhada

Caso queira trabalhar com algum sigilo mágico compartilhado ou com um trabalho semelhante para ajudar sua comunidade ou criar mudanças sociais, há algumas coisas que deve considerar primeiro:

Discernir

Se você se deparou com um sigilo, feitiço ou proposta de trabalho on-line voltada para uma mudança comunitária ou encanto de oposição, faça sua pesquisa. Sente-se um pouco e observe quem é e de onde veio e considere se os componentes, ingredientes e ações fazem sentido não apenas para você, mas para a causa pela qual está trabalhando. Parece certo para você ou há algo errado? Existe alguma coisa que poderia modificar para torná-lo mais focado? Se não, continue procurando, ou melhor ainda, criando seu próprio projeto.

Aplicar

A magia começa com o pensamento, mas muitos feitiços e sigilos se beneficiam da interação física. Desenhá-los ou contorná-los realmente tem um impacto de alguma forma, especialmente ao usar sigilos mágicos compartilhados. Pessoas me dizem: “Mas eu não sou um artista”. Você não precisa ser um artista – não haverá crítica para o seu trabalho. O ato de desenhar, esculpir, ungir, pintar, etc., é o que conecta o sigilo com sua mente, corpo e espírito.

As pessoas falam sobre "carregar" um sigilo. Bem, você faz exatamente isso e muito mais quando recria o sigilo à mão (ou com os olhos, se não puder usar as mãos). Você está alinhando sua mente, sua mão e seu coração em todo o processo. Você está concentrando sua vontade.

Considere também qual aplicação mágica funciona melhor para o seu feitiço ou sigilo em particular. Se você deseja proteger um corpo ou lugar, a melhor maneira de fazer isso é aplicar fisicamente o sigilo. Se está procurando enviar energia para uma causa, então trabalhe com velas, dance o sigilo, etc., tudo isso pode ajudar.

Agir

Ajuda e assistência comunitária é um trabalho importante que pode ter um grande impacto quando feito corretamente. Pode ajudar a trazer consciência, direcionar energia, provocar pensamentos e manifestar mudanças. Mas certifique-se de seguir com a ação física também, de qualquer forma que puder. Trabalhar para uma mudança pode acontecer de várias formas: doando, apoiando, compartilhando informações verificadas, tendo conversas difíceis, protestando, registrando pessoas para votar, cozinhando refeições, cuidando de crianças, fornecendo aconselhamento emocional, mental ou legal, etc. Como você pode alcançar um resultado nessa localidade?

Amplificar

Se você não se identifica com um trabalho, é claro que pode criar o seu próprio. Mas tenha em mente que os trabalhos mágicos compartilhados se beneficiam quando tem muitos praticantes trabalhando coletivamente. Então verifique se já existe algo com o qual você pode trabalhar para ajudar a ter um impulso.

Certifique-se de não confundir a mensagem, perder de vista o objetivo ou diminuir a ação de outros. Por exemplo, as pessoas me diziam: "Você deveria criar um sigilo para o *Black Lives Matter*[41]". Enquanto a sugestão pode parecer bem-intencionada, este não é meu lugar de fala. Acredito que essa direção deve vir de alguém que tem essa experiência vivida e é um porta-voz reconhecido do Vidas Negras Importam. Outra coisa a considerar é que um sigilo condensa múltiplas ideias em um foco singular e funciona de maneiras sutis. VIDAS NEGRAS IMPORTAM é o culminar de muitos conceitos importantes em uma mensagem simples e vital que precisa ser o mais visível possível.

---

41 N. T.: movimento Vidas Negras Importam.

Tecnicamente, #vidasnegrasimportam é uma espécie de sigilo. Portanto, verifique se sua ideia realmente amplia e apoia aqueles que são marginalizados. Caso contrário, você pode ofuscar suas vozes e confundir a mensagem.

Lembrar

Tenha em mente sua mensagem e seu foco – novamente eu digo, isso é mágico! Por fim, trabalhar pela mudança é uma maratona, não uma simples corrida. Mesmo quando as notícias diminuírem, considere como você pode continuar a amplificar a mensagem, conscientizar a causa e continuar tecendo um padrão forte.

IDEIAS DESINFORMADAS SOBRE SIGILOS PÚBLICOS

Quando se trata de ocultismo, muitas vezes parece que todos têm uma opinião sobre o que você deveria ou não fazer. Quando comecei a liberar os sigilos mágicos compartilhados para ajudar na magia de resistência e questões da comunidade, foi fascinante ver as opiniões e preocupações que algumas pessoas tinham sobre isso. As opiniões se enquadram em três categorias básicas:

1. A magia não deve ser pública/compartilhada.
2. Os sigilos poderiam ter segundas intenções.
3. A magia não deve ser política.

Embora eu entenda de onde algumas dessas pessoas tiram essas ideias, elas estão em grande parte mal-informadas ou são pobres de espírito. Vejamos o porquê disso, para que você tenha uma melhor compreensão do que é possível.

Oculto significa "encoberto" ou "secreto". Eu sinto que estudar ocultismo é descobrir os mistérios interiores – essa é a parte oculta. Embora o segredo e a Bruxaria andem de mãos dadas devido ao medo de perseguição, não acredito necessariamente que o que fazemos deve ser sempre secreto – a menos que você esteja em uma situação em que precisa estar no famoso "armário de vassouras", ou seja, se alguém perceber que você é uma Bruxa ou praticante de Magia, isso pode ser usado para discriminá-lo, causando perda de emprego, moradia, filhos ou até mesmo sua vida. Então, sim, é melhor manter o Caldeirão tampado e ser discreto, a menos que tenha um excelente advogado à disposição.

Algumas pessoas acham que trazer a magia para fora pode arruiná-las ou acabaria com o mistério. Mas isso parece mais um medo de escassez ou um desejo de manter algumas coisas exclusivas. Você pode descrever os mistérios para alguém, mas eles ainda devem ser experimentados para serem totalmente revelados. Essa é a essência disso. Muitas pessoas ganham dinheiro e adquirem poder tornando as coisas exclusivas e hierárquicas: "Existem segredos que só nós sabemos, e você tem que passar por nós para obtê-los". "Oculto" não significa inacessível, nem exclusivo, hierárquico ou inatingível. Nenhum grupo possui todas as chaves e segredos.

Tem gente que balança a cabeça ao ver fotos de altares e magias no Instagram. O altar é um lugar de ação e conexão. É um lugar para canalizar o poder, mas não é o poder em si. Escrever os ingredientes ajuda a coordenar e direcionar o poder, mas não são o feitiço em si. Você é a fonte, o fator comum.

Agora, há algo a ser dito sobre escolher entre revelar seu plano de jogo ou seu segredo estratégico, especialmente em meio ao conflito. Então recomendo que fique atento sobre quais trabalhos escolher tornar público e qual o nível de acesso que você vai dar a ele. Por exemplo, criei um sigilo de proteção para ser usado por um grupo específico de pessoas, ao qual apenas elas tinham acesso. Ao mantê-lo apenas para os interessados, chamei menos atenção para aqueles que precisavam da blindagem e os ajudei no que eles precisavam fazer.

A segunda preocupação sobre sigilos públicos e possíveis segundas intenções ligadas a eles, revela mais sobre a pessoa que diz isso do que qualquer outra coisa. Antes de usar qualquer sigilo que foi criado por outra pessoa, você deve ter uma noção sólida do que se trata. É por isso que acho que muitos dos sigilos declarados simplesmente não fornecem informações suficientes. "Oh, isso é um sigilo de amor? Mas que tipo de amor? O que o criador do sigilo tinha em mente quando o criou e como você sabe que ele se alinha com o tipo de amor que você está procurando?"

Com relação aos meus sigilos mágicos compartilhados, a maioria deles é cocriada, e cada um inclui um detalhamento do que foi feito nele. Claro, há espaço para interpretações, mas acho que as diretrizes são claras o suficiente para que a maioria das pessoas entenda de forma eficaz.

Quanto à última preocupação sobre sigilos públicos, o fato de que a magia não deve ser política, posso dizer, viver é político. Onde e como vivemos, a comida que comemos, onde trabalhamos, nosso acesso a recursos e muito mais – é tudo subordinado à política, que é sobre como as decisões são tomadas, o poder e a dinâmica de status entre indivíduos e grupos, bem como a distribuição de recursos. Política faz parte da vida em sociedade. Quando reduzimos a ideia de política a "esses caras contra aqueles caras" e pensamos que não fazemos parte disso, deixamos de participar do que está acontecendo em nossos bairros, cidades, estados e países. Não é mágico abrir mão de nosso poder e influência pessoal, esperando que outra pessoa o faça. Não podemos simplesmente ficar sentados olhando para o nosso próprio umbigo e esperar que o mundo mude. Nós estamos todos interligados.

ESCOLHENDO UM FOCO EFICAZ PARA UM SIGILO

Ao trabalhar com questões de justiça social e foco na comunidade, é útil olhar para o quadro geral para criar o sigilo mais eficaz. Vejamos algumas situações diferentes e como elas poderiam ser abordadas. A forma como você vê o mundo e formulou seu código de ética certamente será um fator importante em sua escolha do que fazer em qualquer uma dessas situações. O que acho mais útil é perguntar: "Como é melhor usar meu/nosso tempo e energia nessa situação e quem receberá o maior benefício desse trabalho?" Sinto-me mais inclinada a dar apoio a quem precisa e está trabalhando para a mudança do que a combater diretamente as pessoas que causam os problemas.

- **Um furacão está chegando:** toda vez que uma grande tempestade ou evento semelhante está previsto para acontecer, vejo pessoas dizendo: "Vou enfeitiçar essa tempestade". Esse é um evento natural, então o que isso significa mesmo? Como isso deveria funcionar? Você pode tentar mudar o caminho da tempestade, mas então estará apenas tornando-a um problema para outra pessoa? Outra opção é diminuir sua força, retardando-a e fazendo-a se desgastar antes que faça a aterrissagem. No entanto, isso pode não funcionar para pessoas que são contra a fazer qualquer tipo de magia do clima, embora seja provavelmente a melhor opção se tiver tempo e energia. Você pode focar sua atenção em proteger a terra e as comunidades que provavelmente estarão na rota da tempestade. Reduzir os danos causados pelo vento e pelas inundações, tornando a evacuação possível (e acessível) para aqueles que serão mais afetados, e trabalhar para haver recursos suficientes para todos são considerações excelentes.

- **Foi aprovada uma lei que viola a autonomia física de um grupo ou o direito de existir:** novamente, a primeira resposta instintiva a esta situação é "enfeitiçar os legisladores". O que, para ser honesta, não é uma ideia terrível, mas será que isso sozinho vai realizar o que realmente precisa ser feito? As pessoas afetadas precisam de ajuda e apoio. Uma nova lei precisa ser introduzida e a antiga precisa ser derrubada, o que envolve organização e sensibilização. Os eleitores precisam ser educados para que tenham uma melhor compreensão do que e em quem estão votando, bem como empatia pelos afetados por essa lei. A justiça precisa ser acionada. Vários sigilos podem ser uma ideia melhor, ou pelo menos alguns que abordam todas essas questões de forma mais eficaz.

É natural querer partir imediatamente para a ofensiva para proteger os outros. Às vezes esse é o curso de ação correto. Mas na maioria das vezes, estamos deixando as pessoas que precisam de mais proteção comendo poeira quando mais precisam de ajuda. Considere os efeitos a longo prazo: o trabalho que estamos fazendo não está apenas ajudando agora, mas também direcionando energia para os melhores resultados possíveis futuramente? Podemos optar por fazer uma triagem mágica para sanar problemas imediatos, porque às vezes é necessário, mas também devemos nos planejar adequadamente para o futuro.

CONHEÇA SEU CÍRCULO

O que você deve ter em mente ao criar um sigilo mágico compartilhado? Na verdade, o processo de criação de um sigilo assim não é muito diferente em estrutura de um sigilo pessoal, mas você precisa ser capaz de expandir sua escala e escopo. Trabalhar com várias pessoas, especialmente aquelas com conhecimento e experiência com o assunto ou objetivo, ajuda muito. Múltiplas vozes e conhecimento ajudam a criar uma linguagem simbólica mais universal, garantindo que a solução seja vista de vários ângulos e resultados possíveis. Um fator chave em um sigilo mágico compartilhado é que ele não apenas cria um elemento visual que pode ser usado coletivamente, mas também ajuda todos a obter uma imagem mais clara do que está acontecendo, o que é necessário para atingir esse objetivo.

Assim que o sigilo estiver completo, você precisa pensar em como distribuí-lo. Considere quais métodos irá torná-lo acessível a outros, incluindo referências instrucionais para ajudar os outros a entender e a trabalhar com ele. Quando compartilho sigilos em meu blog, tento incluir o quadro de trabalho, se possível, para que as pessoas possam ver como as palavras combinam com as marcas, além de ver o resultado final. Também enfatizo o que foi colocado em cada sigilo e forneço sugestões sobre como usá-lo, como você verá na coleção de sigilos encontrados no próximo capítulo.

Recebo muitas mensagens e e-mails de pessoas que me dizem que eu "deveria" criar um sigilo para esse ou aquele problema ou qualquer outra coisa. Tenho duas coisas a dizer sobre isso. Primeiro, a razão pela qual escrevo livros como este e ensino em aulas é para que você possa aprender a fazer o trabalho que precisa fazer. Estou dizendo: "Aqui estão as ferramentas para você usar. Por favor, use-as".

Segundo é que, às vezes, essas questões ou eventos são algo completamente fora da minha experiência ou quadro de referência. Não faz sentido para mim criar o sigilo sozinha, porque tenho apenas uma ideia aproximada (se é que tenho alguma ideia) do que é necessário para ajudar a resolver ou aliviar essa questão. É preciso haver uma conexão e uma fundação estabelecida. Posso, no entanto, efetivamente cocriar sigilos com pessoas que são mais bem informadas e fazem parte daquele lugar ou grupo. Se elas orientarem a razão para o trabalho e fizerem o *brainstorming*, então posso ajudar com o design. Se você tem um forte sentimento sobre essa coisa específica, então provavelmente é um candidato mais qualificado para o trabalho.

Portanto, se você se sentir motivado a ajudar outras pessoas, recomendo que tenha uma conexão com o problema e uma sólida compreensão do que é necessário para solucioná-lo. Idealmente, o certo seria incluir a entrada de outras pessoas desse grupo ou lugar se você não faz ou nunca fez parte dele. E pode também considerar a criação de um sigilo mais geral, que pode ser aplicado a vários lugares ou pessoas, sem vinculá-lo a um grupo ou lugar específico. Se você faz parte de um grupo que poderia ser um aliado melhor para outro grupo do qual você não faz parte, então uma opção melhor pode ser criar um sigilo focado na educação, empatia e compreensão por parte de seus colegas em relação a esse grupo.

CRIANDO SIGILOS INDIVIDUAIS

A tarefa de criar sigilos ou arte mágica para outras pessoas em uma escala menor é, de certa forma, semelhante à criação dos sigilos mágicos compartilhados. Esse tipo de trabalho geralmente é para alguém que você conhece ou talvez alguém que deseja fazer uma encomenda. Em vez de criar para o coletivo ou por um objetivo mais amplo da sociedade, o foco está nas necessidades ou objetivos de um único indivíduo.

Tecnicamente, fazer um sigilo para alguém não é diferente de fazer um feitiço para outra pessoa. Você deve ter uma compreensão sólida do que essa pessoa precisa ou deseja. Isso pode ser fácil de entender se você estiver trabalhando diretamente com ela, especialmente quando ela se aproximar para fazer o negócio. O mesmo não pode ser dito quando se está fazendo um trabalho não solicitado, o que também vagueia em território ético questionável para muitas pessoas. Por um lado, você pode fazer um sigilo de cura para alguém que é incapaz de se tratar ou fazer o trabalho por si mesmo naquele momento. Por outro lado, pode estar criando algo para alguém achando que sabe o que ele precisa, mas na verdade não sabe. Ou talvez você conheça mesmo a pessoa, então vai depender do seu relacionamento com ela e o propósito do sigilo.

Cabe a você decidir onde traçar suas linhas morais e éticas. Se é possível acender uma vela para ajudar alguém (sem o conhecimento desse alguém), criar um sigilo com o mesmo propósito em mente não é muito diferente disso. Se você já fornece serviços de Bruxaria para outros como parte de seu negócio (fabricar óleos e tinturas, esculpir velas, montar kits de feitiços, etc.), então criar sigilos já se alinha com esse mesmo estado de espírito. Da mesma forma que você cria arte personalizada para outras pessoas por encomenda, fazer sigilos, então, provavelmente também está em sua área de expertise.

Se você não tem experiência em fazer qualquer tipo de trabalho personalizado ou criar produtos utilizáveis para outras pessoas, então a criação de sigilos pode não ser o lugar ideal para começar. Pode parecer dinheiro fácil para algumas pessoas desenharem para outras, mas é preciso habilidade, esforço e tempo para fornecer um produto de qualidade de forma consistente. Se você acha que não é grande coisa e não quer cobrar por seus serviços, é ainda mais provável que se esgote e desaponte os outros[42]. Avalie sua própria agenda, capacidade e, o mais importante, as razões por trás de querer oferecer este serviço antes de exibir seu sigilo para o mundo.

---

42 Se você oferece serviços ao público em geral, mesmo que compartimentalizado como "prática", o ideal é cobrar por seu tempo. Se deseja apenas praticar o aprendizado de uma nova habilidade, crie você mesmo ou forme um grupo de amigos para construir sua familiaridade com a tarefa de trabalhar com outras pessoas.

Como artista e designer profissional, ocasionalmente desenvolvo sigilos e crio obras de arte mágicas para outras pessoas. Enquanto escrevo livros e ministro workshops com o objetivo de que leitores e alunos igualmente possam se inspirar a criar por conta própria, reconheço que algumas pessoas preferem colaborar para obter o resultado desejado. Então, quando minha agenda permite e se a ideia deles me agradar, posso assumir o seu projeto. Tecnicamente, também faço uma terceirização de tarefas e metas quando não tenho tempo, habilidade ou recursos para concluir um trabalho. Por exemplo, eu trabalhei com Lyra de Spiral Moon Herbcraft para criar óleos personalizados, porque confio em seu olfato, sentido e condução de alta qualidade para criar potentes óleos de unção[43]. Coleciono arte e baralhos de outros artistas, porque aprecio seus estilos. Embora eu faça meu próprio incenso, adoro apoiar meus amigos que o fazem profissionalmente. Acredito que a maioria dos meus clientes de arte e design estão mais ou menos adotando a mesma conduta mental. Então, como você procede para criar um sigilo ou uma peça de arte mágica para outra pessoa? Eu já falei sobre o meu processo de criação artística na seção "Imbuindo a Arte com Intenção" no Capítulo 4, mas há algumas coisas específicas que preciso resolver antes de criar arte para outra pessoa:

1. Primeiro eu descubro o que as pessoas estão buscando em um sigilo ou obra de arte. À parte dos aspectos dos negócios sobre tamanho, orçamento, tempo e necessidades de mídia (encanto pintado em miniatura, sigilo, retábulo, caneta e tinta, etc.), pergunto se elas têm um objetivo ou propósito para a arte.

2. Se for um sigilo, peço que escrevam um parágrafo curto ou façam uma lista do que desejam realizar com o sigilo e que sucesso gostariam de ter. Se o sigilo for para uma divindade ou espírito, pergunto a que mitos elas são atraídas, como é sua relação com a divindade ou espírito e se existe alguma arte que capture como eles veem essa divindade.

3. Depois de ter uma boa ideia do que estão procurando, preparo meus materiais, faço alguns esboços necessários e configuro quaisquer guias visuais que eu possa precisar e focar na pessoa com quem trabalho. A sensação de foco é muito semelhante à maneira como eu "toco" as pessoas para quem faço leituras de Tarô. Eu me retiro

43 Veja o trabalho de Lyra em https://spiralmoonherbcraft.com.

da equação (exceto como médium) e volto minha atenção para seus ritmos e padrões. Para sigilos, eu não mostro o trabalho até que esteja terminado. Para pinturas e desenhos, costumo enviar fotos do andamento, principalmente, porque fico animada e gosto de compartilhar o processo com elas.

DICA TÉCNICA: OS *LOGOS* DOS *LOGOS*

Criar um *logo* de sucesso não é fácil. Há uma razão pela qual alguns designers gráficos ganham muito dinheiro criando apenas logotipos para outros. A parte de *brainstorming* e design básico do processo de sigilo pode ajudá-lo a explicar a um designer o que você procura em um logotipo, quais elementos são importantes para você e qual é sua visão geral para o seu negócio. Se você quiser criar um logotipo a partir do seu sigilo, aqui estão algumas boas diretrizes a serem lembradas:

- Mantenha-o simples. Você quer uma imagem que se destaque, que não seja muito complicada e possa ser "lida" facilmente pela maioria das pessoas.
- Afaste-se e olhe para ele. Vire-o de cabeça para baixo e para trás. Será que sem querer ficou parecendo outra coisa? Outras pessoas podem ser muito úteis para determinar se o seu lindo sigilo acidentalmente se parece com uma Sheela-na-gig ou uma bota velha.
- Brinque com o tamanho. Você ainda pode dizer se fica bem em um pequeno cartão de visita, bem como em um banner de dois metros?
- Verifique a mensagem. Parece que a imagem transmite sua mensagem? Sua empresa pode se encaixar em algumas marcas?
- Experimente diferentes opções de cores em fundos claros e escuros.
- Sempre digitalize ou crie seu trabalho em alta resolução – no mínimo 300 dpi. Quando você for fazer aquele banner de dois metros, vai me agradecer.
- Permita flexibilidade. Os logotipos podem crescer e mudar com o tempo. Basta fazer uma pesquisa rápida sobre a história do logotipo da Pepsi ou Starbucks para entender o que quero dizer.

Uma vez que o trabalho está pronto, ele é entregue nos termos acordados. Como observação comercial, pequenos projetos como sigilos entregues digitalmente são pagos antecipadamente. Projetos maiores como pinturas geralmente requerem um depósito de 50% e não são enviados até que o valor seja pago. Pode parecer grosseiro falar sobre o financeiro, mas o dinheiro representa a troca de energia que está acontecendo aqui. Meu tempo é valioso e materiais de arte são caros. Você precisa não só se valorizar, mas numerosos estudos têm mostrado que a maioria das pessoas valoriza mais as coisas pelas quais pagam do que os brindes.

O NEGÓCIO DA MARCA

Quando você inicia um novo negócio ou decide levar seu negócio já existente em uma nova direção, é uma ideia inteligente ter um plano de negócios, que é um documento que descreve os objetivos futuros da sua empresa, bem como as estratégias para alcançá-los. Você pode revisar e atualizar o planejamento de sua empresa periodicamente para ver como seus objetivos foram alcançados ou se eles mudaram ou se alteraram. Ali você já tem os passos 1 e 2 estabelecidos no método Magia de Sigilo, então por que não os levar para o próximo passo e usar seu plano de negócios para criar um logotipo de sigilo?

O benefício de usar um sigilo para criar seu logotipo/design de marca é que ele amplia sua visão. Você pode usar o sigilo resultante em placas, cartões de visita, embalagens de produtos, etc. Toda vez que ele for visto ou usado, enfatizará o padrão de sucesso e prosperidade que você imagina para o seu negócio.

Você não precisa fazer do sigilo seu logotipo principal, mas pode incorporá-lo sutilmente em seus materiais, ou usar elementos dele em seu logotipo/design de marketing, ou simplesmente guardar para si mesmo para fazer outro tipo de trabalho mágico com ele.

MAGIA PARA VIAGEM

Murais, esculturas e grandes instalações de arte são fantásticos na forma como transformam os espaços. Eles certamente possuem várias camadas de uma magia poderosa, mas são criados em um local específico e muitas vezes consomem muito tempo para serem feitos. Eles também não são tipicamente móveis ou facilmente transportáveis.

Por outro lado, um sigilo bem projetado é excepcionalmente móvel e pode ser criado na hora ou em questão de minutos. Os sigilos podem ser desenhados rapidamente com giz, caneta ou marcador e depois facilmente estampados ou impressos em um adesivo e afixados em algum lugar.

No Capítulo 1 do *Magia de Sigilo*, "Uma História Sobre a Criação de Marcas", passo algum tempo discutindo grafite e marcação. Os humanos têm feito marcas não autorizadas por milhares de anos – você pode descobrir evidências de grafite em todo o mundo. Se essas marcas são consideradas vandalismo, arte de rua ou um meio de comunicação codificada, há algo mágico nas marcas feitas em espaços liminares com intenções ocultas. Quer sejam esculpidas, quer sejam pintadas para durar ou desaparecerem com a próxima tempestade, elas atraem nosso olhar e fascinam nossa mente. Ponderamos nosso relacionamento com o criador e ao mesmo tempo nos juntamos a uma plateia de muitos, absorvendo ou tentando descobrir o significado por trás da marca.

Embora Shepard Fairey tenha se formado oito anos antes de mim na Escola de Arte de Rhode Island, enquanto eu era uma estudante, lá você ainda pode encontrar seus icônicos adesivos *"André the Giant Has a Posse"* postado em todo o campus. De acordo com o site Obey Giant:

> A campanha de adesivos OBEY pode ser explicada como um experimento em Fenomenologia. Heidegger descreve a Fenomenologia como "o processo de deixar as coisas se manifestarem". A fenomenologia tenta capacitar as pessoas a verem claramente algo que está bem diante de seus olhos, mas está obscurecido; coisas que são dadas como tão certas que são silenciadas pela observação abstrata.
>
> O objetivo principal da fenomenologia é despertar um sentimento de admiração sobre o ambiente. O adesivo OBEY tenta estimular a curiosidade e levar as pessoas a questionarem tanto o adesivo quanto sua relação com o ambiente.[44]

Sigilos e símbolos em lugares estranhos definitivamente exploram esse sentimento de admiração e curiosidade. Mas enquanto o adesivo de Fairey foi projetado para não ter significado, os sigilos obviamente têm. Onde e como os colocamos podem acrescentar algo ao significado, bem como afetar como os outros podem recebê-los. Às vezes nosso objetivo é

---

44 *Manifesto*, Obey Giant, https://obeygiant.com/articles/manifesto.

colocar os sigilos não à vista, mas camuflá-los para que façam parte de seus arredores. Então algo a ser considerado é se o sigilo deve ser visto por um longo tempo ou se apenas deve estar presente por alguns momentos ou dias, ou essencialmente sempre presente, mas invisível pelo maior tempo possível. Qual opção é certa para o sigilo vai depender do propósito e do porquê você o está colocando lá.

DICA TÉCNICA: APLICANDO SIGILOS EM AMBIENTES

A meu ver, a magia em movimento pode ser projetada para ser semipermanente ou efêmera. Não posso defender danos à propriedade pública ou pessoal por razões legais óbvias, então cabe a você decidir o que é apropriado. Peço que respeitem o meio ambiente e não danifiquem habitats naturais ou sítios históricos. Aqui estão algumas sugestões para cada método.

Métodos semipermanentes:

- Adesivos à prova d'água/vinil
- Esculpido em pedra ou madeira
- Desenhado em gesso úmido, argila ou concreto
- Marcadores permanentes à base de álcool ou óleo

Métodos temporários:

- Desenhado em terra, areia ou cascalho
- Marcadores para lousas brancas
- Carvão
- Giz
- Adesivos de papel

Quer opte por manter seu trabalho pessoal e privado, quer decida mantê-lo público e aberto para ser compartilhado, depende de você e do propósito do seu trabalho. Espero que enquanto encerramos as coisas aqui, você tenha uma melhor compreensão do que as diferenças podem significar para sua arte e sua prática.

Capítulo 6

COMPARTILHANDO SIGILOS

Os artistas são os Xamãs, os Sacerdotes e as Sacerdotisas, os mágicos da sociedade.
– Audrey Flack, *Art & Soul*

Este capítulo contém uma galeria de referência dos cinquenta sigilos mágicos mais populares compartilhados, criados por mim ou que ajudei a criar, incluindo a história e detalhamento de cada sigilo e usos sugeridos. Por que incluí todos esses sigilos quando também disse que fazer seus próprios sigilos geralmente é o melhor caminho? Fico feliz que você tenha perguntado, pois há vários motivos importantes. Primeiro, estes sigilos vão ajudá-lo a ver como e por que eles foram construídos, o que, por sua vez, pode inspirar sua própria prática. Em segundo lugar, eles estabelecem um modelo para criar e distribuir seus próprios sigilos mágicos compartilhados, por meio da explicação do que há neles e como usá-los efetivamente. Em terceiro lugar, é sempre útil ter um recurso com sigilos prontos que você pode facilmente entender e trabalhar – seja para você mesmo, seja com um grupo. Definitivamente, faça seus próprios sigilos, mas também fique à vontade para usá-los como um guia e trabalhe com aqueles que mais o atraem.

Eu separei os sigilos em categorias para fácil referência, embora vários deles possam ser facilmente trabalhados em mais de uma categoria. Não incluí sigilos que são altamente específicos para certos eventos (como um sigilo de festival) ou locais (criados para ajudar uma vila/cidade específica). Embora alguns dos sigilos incluídos aqui possam conter elementos de inspiração do local onde foram feitos, todos eles têm uma certa universalidade – isto é, podem ser usados além de uma determinada situação ou local. Além disso, as sugestões de uso são exatamente isso: sugestões. Se estiver inspirado a trabalhar com qualquer um desses sigilos de alguma outra forma que faça sentido para você, então, por todos os meios, busque essa inspiração[45]. Tenha em mente que esses sigilos não se destinam a substituir a ação mundana, mas, sim, emprestar ou adicionar apoio ao seu objetivo pretendido. Isso significa combinar esforços mágicos e mundanos quando necessário – como deve ser com qualquer forma de Bruxaria.

Meus agradecimentos a todos os alunos em todo o mundo que cocriaram sigilos comigo em workshops. Uma das minhas partes favoritas destes workshops é poder dar vida ao processo e fornecer oportunidade para que cada um participe à sua maneira.

ALGUMAS NOTAS SOBRE DESIGN

A maioria dos sigilos apresentados aqui tem imagens de quadro de trabalho (*workboard*) que você pode estudar on-line. Se você pesquisar meu blog Patheos para saber o nome de um sigilo, use a *tag* #sigil na pesquisa de arquivo, assim você será capaz de localizar facilmente a postagem do sigilo, que pode incluir uma foto do quadro branco ou bloco de desenho do workshop[46].

Você também pode notar alguma semelhança entre alguns designs. Muitas vezes é porque os sigilos estão relacionados com semelhantes objetivos e/ou compartilham elementos básicos. Além disso, quando os sigilos são cocriados em uma oficina, eles não estão sendo comparados com exemplos anteriores, mas são preparados naquele momento.

UMA OBSERVAÇÃO SOBRE A LEGALIDADE DO USO

A maioria desses sigilos foi lançada em meu blog com uma licença Creative Commons AttributionNonCommercial-ShareAlike 4.0 International license[47]. Isso significa que você é livre para usar e compartilhar um sigilo meu com a atribuição adequada e apenas para meios não comerciais. Você também pode adaptar a imagem desde que a disponibilize sob os mesmos termos (atribuído, uso não comercial, compartilhar semelhante).

45 Use esses sigilos compartilhados desde que não viole nada do uso legal – consulte a próxima seção!

46 Laura Tempest Zakroff, *A Modern Traditional Witch* (blog), https://www.patheos.com/blogs/tempest/.

47 Para obter uma descrição completa do que cobre uma licença CC4, consulte a descrição no final do livro.

SIGILOS PARA SAÚDE E CURA

Estes sigilos são projetados para ajudar na saúde e na cura – não apenas fisicamente, mas também emocional e mentalmente.

Sigilo AntiBurnout (Antiesgotamento)

Resumo
Este sigilo ajuda a trazer uma sensação de renovação ao enfrentar tempos e situações difíceis.

Local e Data de Criação
The Raven's Wing Magical Co. Oakland, CA, 28 de junho de 2018

Quais Elementos Entraram no Sigilo
- Abundância (em termos de energia e recursos necessários para combater o esgotamento)
- Manter um senso de equilíbrio conforme necessário
- Amplificar a boa saúde
- Uma luz guia que inspira, limpa e revigora
- Proteção
- Permitir enraizamento, aterramento (de ideias, da mente e do corpo)
- Focar no outro, cobertura, comunidade

Sugestões de Uso
Você pode usar este sigilo, compartilhá-lo, desenhá-lo em cores curativas, colocá-lo em seu altar ou onde as pessoas precisam ser renovadas e revigoradas. Este seria um bom sigilo para "consumir" através de alimentos ou bebidas.

Sigilo para Equilibrar a Saúde

Resumo
Este sigilo foi projetado para nos ajudar a passar pela parte escura do ano com boa saúde física, emocional, mental e ambiental.

Local e Data de Criação
Arts & Crafts: Botanica & Occult Shop Pittsburgh, PA,
30 de setembro de 2019

Quais Elementos Entraram no Sigilo
- Bom estado mental/emocional de ser
- Promover o bem-estar físico/antienfermidade
- Resiliência
- Fornecer um ambiente de apoio
- Construir relacionamentos
- Liberação de peso emocional/mental desnecessário

Sugestões de Uso
Ideal para usar desde o Equinócio de Outono até o Equinócio de Primavera. Pode ser ungido no corpo, desenhado em casa ou colocado em uma vela (cores: branca, rosa ou amarela são sugeridas).

Sigilo para Confortar o Coração

Resumo
Este é um sigilo de transição para trazer uma sensação de cura, conforto e perspicácia à medida que passamos do final de um ano para o próximo. Isso ajuda a aproximar a distância entre corações e espíritos.

Local e Data de Criação
Workshop virtual, 12 de dezembro de 2020

Quais Elementos Entraram no Sigilo

- Conforto, paz e ser capaz de ter o coração leve
- Aproximar a distância entre amigos/família/pessoas queridas, melhorando a conexão
- Cura (por dentro e por fora)
- Foco na saúde, mente coletiva, clareza em abranger a atenção plena, cuidar um do outro
- Reabastecer a energia, criar um ciclo positivo, transformar, dar e receber amor.
- Proteção e segurança para proporcionar um alicerce
- Deixar para trás a energia do ano passado (os aspectos negativos) enquanto levamos sabedoria conosco para nos guiar

Sugestões de Uso
Grave este sigilo em uma vela (branca, dourada ou cores de tons quentes), desenhe-o no corpo com óleo de unção que estimule focar no coração. Coloque-o em seu altar ou lareira, use-o como foco/inspiração para movimento, ou posicione-o com fotos daqueles que você sente falta.

Sigilo para Curar Feridas

Resumo
Este sigilo pode ser usado para muitos tipos de feridas: espirituais, emocionais, mentais e/ou físicas.

Local e Data de Criação
Sacred Hearth Sanctuary Reno, NV,
21 de setembro de 2019

Quais Elementos Entraram no Sigilo
- Ser mais paciente
- Ajudar na recuperação
- Atrair prosperidade
- Focar no crescimento saudável
- Libertar da dor
- Ser receptivo a mudanças úteis
- Incentivar a estabilidade
- Ajudar a processar o luto
- Trazer paz

Sugestões de Uso
O tipo de intenção apropriada para este sigilo depende do tipo de cura necessária. Você poderia centrar este sigilo em uma parte do corpo que precisa de cura, pode ser colocado em um boneco, vela ou outra forma de Magia Simpática. Também poderia ser esculpido em velas, aplicado com óleos, tatuado, desenhado em sua pele com hena, colocado em seu altar, etc. Embora a principal indicação seja aplicar direto no corpo, este sigilo também pode ser usado para curar locais e regiões.

Sigilo para Boa Saúde (Aumentar a Imunidade)

Resumo
Sigilo projetado para ajudar nos processos que contribuem para manter a boa saúde.

Local e Data de Criação
Criado pela autora, 8 de março de 2020

Quais Elementos Entraram no Sigilo
- Proteção
- Atenção plena responsável (*Mindfulness*)
- Consciência coletiva
- Promover a limpeza e a boa higiene
- Minimizar a transmissão
- Manter a boa saúde
- Recursos suficientes para todos (prevenção e tratamento)
- Facilitar que tenha recursos acessíveis a todos
- Focar nos pulmões
- Acalmar, deixar a sabedoria e o bom senso guiarem

Sugestões de Uso
Afixe este sigilo em locais públicos onde a transmissão de doenças contagiosas pode aumentar (sala de reuniões, banheiros, cozinhas), bem como em locais onde possa promover excelentes hábitos sanitários que beneficie a todos. Esculpa-o em sabonete para lavar o corpo ou aplicar em recipientes de tintura para melhorar a saúde, também em garrafas de água e outros recipientes pessoais. Desenhe-o no corpo usando óleos. Coloque em velas para ajudar a concentrar energia naqueles que precisam, especialmente, de proteção adicional.

Sigilo para Controlar o Pânico

Resumo
Sigilo projetado para ajudar a trazer calma e clareza à nossa mente, corpo e espírito, bem como trazer tranquilidade para uma comunidade ampla.

Local e Data de Criação
Workshop virtual, 22 de abril de 2020

Quais Elementos Entraram no Sigilo
- Revelação da verdade
- Esclarecimento/sinal claro
- Movimento de informações na direção correta
- Cura/foco na saúde
- Melhorar o pensamento crítico/discernimento
- Encorajar ações positivas (coisas que ajudam, não prejudicam)
- Atenção plena coletiva – estar mais consciente de que estamos todos interconectados; cuidar de todos, não apenas de si mesmo
- Aumentar a compaixão e a empatia

Sugestões de Uso
Use esse sigilo para meditação e como foco para exercícios respiratórios. Desenhe-o na terra ao redor da sua casa, mergulhe-o em uma bebida relaxante, grave-o em sabonetes, desenhe-o em seu corpo usando um óleo calmante (lavanda ou um óleo similar) ou coloque-o em velas (qualquer cor que seja tranquilizante para você).

Sigilo de Apoio ao Sobrevivente

Resumo
O propósito deste sigilo é oferecer múltiplos níveis de suporte para sobreviventes – amplificando o poder interior ao mesmo tempo em que cria uma comunidade de suporte no processo.

Local e Data de Criação
The Curious Cauldron Fort Myers, FL,
25 de outubro de 2018

Quais Elementos Entraram no Sigilo
Para garantir que os sobreviventes...
- sejam ouvidos
- sejam vistos/tenham credibilidade
- estejam cercados por segurança
- sejam recebidos com empatia
- possam se autocurar facilmente
- ganhem força
- recebam justiça

Sugestões de Uso
Este sigilo pode ser usado em rituais de cura pessoal e trabalhos de autocuidado (unção do corpo, meditação, tatuagem, etc.), mas também pode ser usado pela comunidade em geral para ajudar a gerar cura para sobreviventes. Use-o em protestos e coloque-o em correspondência sobre direitos, legislação e financiamento para ajudar os sobreviventes e promover a educação.

Sigilo para Combater o Câncer de Mama

Resumo

Sigilo projetado para auxiliar na batalha contra o câncer de mama, especialmente para a pessoa que está passando por essa provação. Criei este sigilo para uma amiga em 2020 e depois compartilhei com várias outras amigas que foram diagnosticadas com câncer de mama do final de 2021 ao início de 2022.

Nunca conheci minha avó paterna, pois ela morreu de câncer de mama em seus trinta e tantos anos e isso também está presente em minha linha materna – então o câncer de mama é um problema muito pessoal para mim. Se você está lidando com outra forma de câncer, considere a lista abaixo e quais áreas o câncer afeta. A partir daí você terá um guia para criar seu próprio sigilo específico.

Local e Data de Criação

Criado pela autora, Nova Inglaterra, verão de 2020

Quais Elementos Entraram no Sigilo

- Foco de energia nos seios e tecidos/órgãos afetados
- Força e resistência
- Apoio emocional e mental
- Cura e recuperação constante
- Recuperação do corpo
- Equilíbrio e rejuvenescimento
- Efeito positivo

Sugestões de Uso

Este sigilo pode ser aplicado diretamente no corpo (com água benta, óleo de unção, marcadores temporários para a pele, etc.) ou usado no corpo de outras formas (roupas, joias, etc.). Pode ser esculpido em uma vela (as cores sugeridas são: branca, rosa ou azul-claro) ou colocado em um altar ou dispositivo móvel para meditação.

SIGILOS PARA CRIATIVIDADE E MOVIMENTO

Estes sigilos promovem a criatividade e o movimento positivo, trazendo inspiração e mudança.

Sigilo de Emergência

Resumo
Sigilo que ajuda a psique humana enquanto trabalhamos para superar os tempos difíceis, emergindo deles mais fortalecidos, esperançosos e inspirados.

Local e Data de Criação
virtual,
27 de abril de 2021

Quais Elementos Entraram no Sigilo
- Estabilidade e segurança
- Paz mental/paz de espírito
- Florescer ou desabrochar
- Promover equidade e justiça social em nossas comunidades
- Força à medida que avançamos
- Ser capaz de superar medos e obstáculos para saber a verdade
- Trazer a sabedoria do que aprendemos conosco/levar as lições adiante
- Saúde
- Incorporar a verdade enquanto se prepara para o futuro, manter/construir a esperança
- Construindo uma comunidade juntos

Sugestões de Uso
Use este sigilo como um foco coletivo em rituais físicos virtuais ou voltados para a saúde, esculpa-o em uma vela (sugiro cores branca ou azul) e coloque-o em seu altar (especialmente em seu altar da lareira, se você tiver um), ou abençoe sua casa com ele, desenhando-o com água consagrada e terra.

Sigilo para Alimentar o Corpo e a Alma

Resumo
Este sigilo não se dirige apenas ao corpo e à alma dos seres humanos, mas também reconhece o corpo maior e o espírito da terra e da natureza da qual também fazemos parte. Queríamos criar algo que também atendesse às necessidades agrícolas e de lavouras (para literalmente alimentar e sustentar as pessoas). Ele trabalha com o próprio meio ambiente e explora necessidades mentais, emocionais e espirituais.

Local e Data de Criação
Workshop virtual, 28 de março de 2020

Quais Elementos Entraram no Sigilo
- Abundância benéfica (em sintonia com a natureza e as necessidades)
- Renascimento e transformação
- Crescimento (colheitas, pessoas, etc.)
- Consciência do que é necessário (para ajudar a criar mudanças)
- Agente pessoal e responsabilidade
- Generosidade (dar e receber livremente para ajudar uns aos outros)
- Reconhecimento da nossa ligação com a natureza
- Resistência e resiliência
- Estimular o suporte para as mudanças necessárias
- Abraçar a simplicidade e liberar o que é desnecessário, inútil ou prejudicial

Sugestões de Uso
Este sigilo funciona bem quando aplicado diretamente em um local, então você pode desenhá-lo no chão, pintar ou desenhar o sigilo em uma rocha, expondo-o aos elementos, usá-lo para guiar um jardim, regar a terra com ele, etc. Você também pode enfeitar ou ungir o corpo com ele ou colocá-lo em uma vela verde, amarela ou dourada.

Sigilo para Desbloqueio

Resumo
Ideal para aqueles momentos em que sente que as coisas simplesmente não estão se movendo ou fluindo como normalmente acontece. Use-o para estimular a inspiração ou avançar em assuntos que parecem estar se arrastando.

Local e Data de Criação
Radiance Herbs & Massage, Olympia, WA, 18 de setembro de 2018

Quais Elementos Entraram no Sigilo
- Estimular o movimento
- Promover a criatividade
- Atrair inspiração
- Fortalecimento
- Incutir uma sensação de liberdade
- Alegria/felicidade
- Melhorar a conexão

Sugestões de Uso
Considere usar este sigilo em conjunto com o calendário lunar, trabalhando com a lua minguante para remover bloqueios ou usar a lua crescente para impulsionar as coisas. Leve este sigilo para a água e desenhe-o onde as ondas possam arrastá-lo ou em uma folha e solte-a na água corrente.

Sigilo Edificante

Resumo
Sigilo projetado para elevar seu espírito quando você está se sentindo para baixo e para ajudá-lo a se lembrar dos lindos aspectos da vida.

Local e Data de Criação
The Veiled Crow, Cranston, RI,
5 de fevereiro de 2020

Quais Elementos Entraram no Sigilo
- Aumentar a resistência
- Energia para avançar em direção ao que vale a pena
- Estimular a felicidade
- Amplificar a esperança
- Visão clara (para ver o caminho à frente)
- Compartilhar a riqueza (ajudando a erguer e apoiar outras pessoas)
- Fé/confiança no Universo

Sugestões de Uso
Você pode usar este sigilo em si mesmo, desenhá-lo em locais apropriados para elevar seu espírito, usá-lo para bênçãos ou tatuagem, esculpi-lo em uma vela (sugiro as cores branca, amarela ou azul-clara), ungir seu corpo com ele desenhando-o com um óleo revigorante, ou adicioná-lo a um altar ou quadro de visualização para ajudar a focar em coisas positivas.

SIGILOS PARA SORTE E PROSPERIDADE

Estes sigilos são projetados para atrair boa sorte e prosperidade.

Sigilo para ter Sucesso nos Negócios

Resumo
Sigilo elaborado em um workshop que foi em grande parte composto por empresários independentes. O sucesso nos negócios era um foco óbvio. Ideal para empresas pequenas/independentes/comunitárias.

Local e Data de Criação
The Cauldron Black,
Salem, MA, 5 de agosto de 2019

Quais Elementos Entraram no Sigilo
- Autossuficiência
- Manter o crescimento/estabilidade
- Elegante/atraente/relevante = reconhecível/ memorável para os outros
- Recepção clara do conceito, sinal captado pelo mercado-alvo
- Ético, responsável, respeitável
- Colaboração/comunidade/rede
- Prosperidade

Sugestões de Uso
Este sigilo pode ficar situado em seu local ou área de trabalho, usado em conjunto com oferendas a divindades e espíritos relacionados (como a Deusa Fortuna), para ungir pontos de entrada . Também pode ser inserido digitalmente em sites e outros materiais de marketing.

Sigilo de Boa Sorte

Resumo
Sigilo projetado para ajudar a trazer boa sorte para você (ou para alguém ou algum lugar).

Local e Data de Criação
Finding Avalon, Camden, de 9 de outubro de 2018

Quais Elementos Entraram no Sigilo
- Boa saúde
- Manter a riqueza
- Estar aberto a oportunidades
- Foco/visão/clareza
- Proteção (para manter a sorte)
- Iniciativa (para acompanhar as oportunidades)

Sugestões de Uso
Unja ou desenhe este sigilo no corpo, transforme-o em algo usável (como joias ou um *patch*, ou pintado em um casaco, bolsa ou mochila), desenhe-o em casas e veículos, esculpa-o em uma vela (sugiro verde, arco-íris ou branca), coloque-o em uma garrafa de água reutilizável ou adicione em seu café/chá.

SIGILOS DE TEMPO E LUGAR

Estes sigilos são projetados para ajudar em questões de lugar e de tempo – às vezes os dois ao mesmo tempo. Lugar pode ser tão literal quanto onde estamos vivendo fisicamente ou pode ser mais abstrato, como onde estamos mentalmente, emocionalmente ou espiritualmente.

Sigilo para Promover a Estabilidade

Resumo

Dentro da palavra estabilidade encontramos habilidade – o poder de ser capaz de dar o próximo passo, planejar o futuro ou pelo menos para nos manter focados no presente. A estabilidade ajuda a fornecer uma base para que possamos construir, encontrar conforto, ser capaz de curar ou dar uma pausa.

Local e Data de Criação

Workshop virtual, 25 de julho de 2020

Quais Elementos Entraram no Sigilo

- Promover boa saúde
- Proporcionar prosperidade e recursos constantes/ estáveis
- Paz (encontrada através da justiça/crescer raízes)
- Apoiar as próximas gerações/construir um legado digno
- Equilíbrio
- Crescimento próspero
- Facilidade de transição/adaptabilidade
- Resiliência e força

Sugestões de Uso

Desenhe ou esculpa este sigilo em uma vela (sugere-se verde, azul, marrom ou branca), use-o como foco de meditação ou desenhe-o fora ou mesmo dentro de seu local de residência (pode ser feito de modo que fique visível com giz ou invisível com água benta, incenso, etc.).

Sigilo de Crise Habitacional

Resumo
Sigilo projetado para ajudar a fornecer uma habitação segura, acessível e desejada.

Local e Data de Criação
The Green Man, Los Angeles, CA,
24 de junho de 2018

Quais Elementos Entraram no Sigilo

- Fornecer moradias para as pessoas
- Aumentar o acesso a habitação para todos
- Garantir que as moradias sejam seguras e acolhedoras
- Tratamento humano, reconhecimento da humanidade, redução dos problemas que podem levar à falta de moradia/ficar desabrigado
- Construir uma comunidade melhor que apoie todos os seus membros
- Criar/promover habitações que ajudam na fluidez do tráfego, acessível a trânsito/transporte público
- Tornar recursos disponíveis (para necessidades físicas, emocionais e mentais)
- Foco na estabilidade/estrutura do edifício

Sugestões de Uso
Este é um sigilo para ser colocado em uma localização específica. Você pode esculpi-lo em uma vela para ajudar a concentrar a energia na causa, desenhá-lo com giz nas paredes e espaços dos lugares desejados, usá-lo para ajudar na legislação, para atrair um desenvolvimento que seja benéfico para as pessoas de um local ou colocá-lo em placas de protesto.

Sigilo das Necessidades Atendidas

Resumo
Às vezes, há muitas facetas de um problema que precisam ser abordadas o mais rápido possível. Este sigilo empresta foco e energia para ajudar que essas necessidades sejam atendidas de forma rápida e eficaz.

Local e Data de Criação
Workshop virtual,
20 de março de 2020

Quais Elementos Entraram no Sigilo
- Minimizar as ameaças, reduzir os danos
- Utilizar a energia do equinócio para alcançar um senso de equilíbrio; passar da escuridão para a luz
- Proteção para os protetores – aqueles na linha de frente ajudando outras pessoas
- Ajudar na saúde mental, antiansiedade
- Promover a compaixão e o amor
- Reconhecimento da conexão
- Necessidades sendo atendidas
- Lembrete para praticar o autocuidado/cuidado com os outros
- Aumentar a engenhosidade/desenvolvimento
- Prontamente eficaz /o mais rápido possível

Sugestões de Uso
Este sigilo é ideal como foco para o trabalho ritual pessoal e coletivo. Para trabalhar com velas, uma vela branca básica é boa, mas use qualquer cor que você se sinta atraído ou tenha disponível.

Sigilo para Gerenciar o Tempo

Resumo
Ideal para quem deseja se manter atualizado com projetos, para encontrar um equilíbrio saudável entre trabalho, lazer e descanso, e para criar uma agenda funcional ou cumprir um prazo. Também é útil se você precisar de alguma ajuda para direcionar seu foco e atenção.

Local e Data de Criação
Soul Journey, Butler, NJ,
16 de outubro de 2018

Quais Elementos Entraram no Sigilo
- Ter motivação
- Manter o foco
- Disposição para alcançar metas
- Expectativas/mentalidades realistas
- Abordagem/hábitos saudáveis para administrar o tempo
- Senso de equilíbrio

Sugestões de Uso
Ótimo sigilo para vigiar seu espaço de trabalho, seja seu escritório, a cozinha, uma mesa de trabalho, um estúdio, o jardim – basicamente onde quer que você precise trabalhar ou gerenciar melhor seu tempo para direcionar as coisas que precisa fazer. Você também pode aplicá-lo a uma vela e acendê-la enquanto trabalha em um projeto. Considere desenhá-lo ou traçá-lo como parte de uma meditação matinal antes de começar oficialmente o seu dia.

SIGILOS DE PASSAGEM E MORTE

Estes sigilos lidam com a morte, passagem e contato com o falecido.

Sigilo para Conexão com o Ancestral

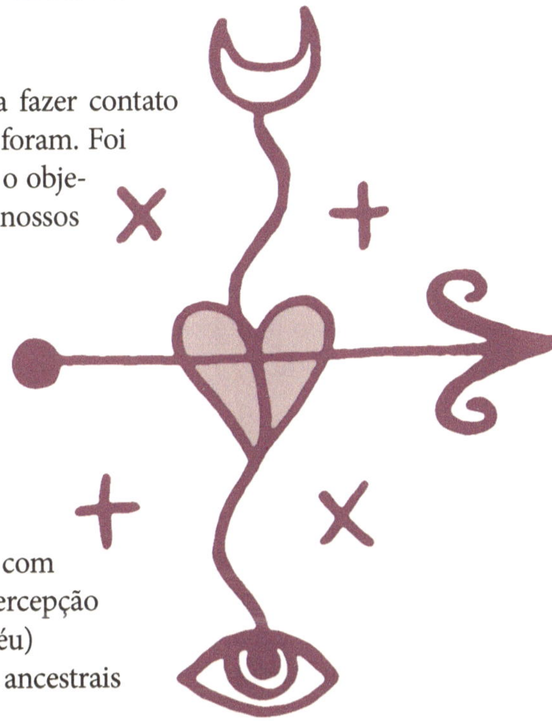

Resumo
Sigilo projetado para ajudar a fazer contato e comungar com os que já se foram. Foi especialmente elaborado com o objetivo de trazer a sabedoria de nossos ancestrais para o futuro.

Local e Data de Criação
Virtual
19 de outubro de 2021

Quais Elementos Entraram no Sigilo

- Conexão, ler através do véu com segurança (de acordo com a percepção do usuário e compreender o véu)
- Extrair sabedoria e força dos ancestrais e trazer para o futuro
- Ajudar no crescimento pessoal
- Construir o crescimento da comunidade
- Fornecer visão e clareza
- Cura e compreensão
- Liberação da perpetuação de ciclos nocivos

Sugestões de Uso
Use este sigilo em meditação e ritual em honra aos falecidos, aos entes queridos e aos Mortos Poderosos, etc. Adicione o sigilo ao seu altar ancestral/Halloween/Samhain, aplique-o a uma vela (recomenda-se branca, preta, vermelha ou prata, mas siga sua intuição), ou coloque-o perto ou em um recipiente de incensos para honrar os mortos.

Sigilo do Psicopompo

Resumo

Os psicopompos são os seres responsáveis por escoltar as almas recém-falecidas da Terra para a vida após a morte. Este sigilo é projetado para facilitar a passagem daqueles que estão fazendo a passagem ou já falecidos, bem como para confortar seus entes queridos.

Local e Data de Criação

Workshop virtual, 23 de abril de 2020

Quais Elementos Entraram no Sigilo

- Paz
- Diminuir o medo (da morte/transição)
- Ajudar a cruzar o limite/passar a barreira entre a vida e a morte
- Amor
- Liberar o espírito
- Perdão, desapego
- Confortar, alívio da dor
- Enfatizar a conexão
- Para que as pessoas que estão fazendo a passagem saibam que não estão sozinhas
- Orientação e direção

Sugestões de Uso

Combine este sigilo com artemísia (em forma de tinturas, infusões, óleos, etc.), coloque-o em uma vela (azul-escura ou azul-clara, branca, prata ou dourada são boas opções), adicione-o a um altar de memorial ou a um altar para o falecido, ou incorpore-o em um boneco ou trabalho semelhante para ajudar a intermediar uma transição pacífica ou executar ritos memoriais ou funerários.

Sigilo de Samhain

Resumo

Este sigilo incorpora muitos elementos que são acessíveis e úteis para fazer rituais ancestrais, bem como trabalhos de mediunidade nesta época do ano. Usado com foco e intenção, pode atuar como uma porta responsável e consciente que permite a comunicação e a conexão durante a metade escura do ano.

Local e Data de Criação

Enchanted Earth, Dunedin, FL, 26 de outubro de 2018

Quais Elementos Entraram no Sigilo

- Proteger contra espíritos e entidades indesejáveis/desagradáveis
- Auxiliar na comunicação com o outro lado
- Aprimorar a segunda visão/habilidades psíquicas
- Permitir compaixão e perdão para aqueles já falecidos
- Energia de bênção
- Aumentar a conexão
- Ser uma porta/portal de entrada entre mundos/mentes durante o trabalho ritual
- Baseado no amor
- Construir/permitir a compreensão e entendimento das mensagens dadas

Sugestões de Uso

Você pode usar este sigilo em seus próprios rituais, desenhá-lo em uma vela, colocá-lo em um altar, usá-lo para proteção enquanto trabalha com ancestrais e outros espíritos, etc. Como pode ver, ele tem características de literalmente uma porta ou portal, então provavelmente não é um sigilo que deva deixar perto de você o ano todo.

SIGILOS PARA PROTEGER AS PESSOAS

Os próximos sigilos se concentram em ajudar ou auxiliar grupos específicos de pessoas.

Sigilo para Fronteira (para Resolver Problemas de Fronteira e Facilitar a Cura)

Resumo
Sigilo projetado para ajudar a melhorar as situações humanitárias que acontecem nas fronteiras entre os países e promover mais entendimento e conexão.

Local e Data de Criação
Tree of Life Metaphysical Books and Gift, San Diego, CA, 23 de junho de 2018

Quais Elementos Entraram no Sigilo
- Conceder força a quem precisa
- Promover a paz
- Abertura (aplica-se a corações, mentes, travessia legal/segura, refúgio)
- Reconhecimento da humanidade
- Auxilia na cura
- Reunir famílias
- Manter a comunidade e a conexão
- Amor
- Despertar para o progresso das questões conscientes

Sugestões de Uso
Desenhe este sigilo em locais apropriados ou esculpa-o em uma vela para ajudar a concentrar a energia na causa. Compartilhe-o com pessoas que moram ou trabalham perto de uma fronteira, buscam passagem segura pelas fronteiras de seus países ou correm o risco de serem retidos injusta ou ilegalmente.

Sigilo para Proteger os Manifestantes (Sigilo ICE)

Resumo

Também referido como Sigilo ICE, pois foi o primeiro criado para ajudar na proteção daqueles que protestam contra o ICE, bem como para os detidos por ele, aplica-se a todos os manifestantes que protestam por causas que envolvem direitos humanos e proteção ambiental.

Local e Data de Criação

The Raven's Wing Magical Co., Portland, OR, 30 de junho de 2018

Quais Elementos Entraram no Sigilo

- Impedir a prisão de manifestantes e daqueles que seriam detidos
- Fornecer resistência aos manifestantes
- Boas condições meteorológicas para os manifestantes
- Certificar-se de que a mensagem deles seja vista/visível/ouvida e cause impacto
- Resiliência
- Alimentar a esperança

Sugestões de Uso

Você pode usar este sigilo, compartilhá-lo, desenhá-lo em locais apropriados, fazer cartazes ou usá-lo para bênçãos e outras formas de proteção. Não precisa estar fisicamente protestando para usar este sigilo – você pode usá-lo para dar apoio a outros e trazer uma energia mais focada para a situação, sendo guiada em direção a uma solução positiva e poderosa.

Sigilo para Defender Pessoas Trans

Resumo
Sigilo projetado para proteger e defender os corpos e direitos de pessoas trans.

Local e Data de Criação
Workshop em Atlanta, 27 de outubro de 2018

Quais Elementos Entraram no Sigilo
- Proteger pessoas trans
- Apoiar
- Manifestar-se para defendê-los
- Ajudar a educar o mundo
- Trazer maior compreensão, entendimento e empatia
- Promover a inclusão
- Auxiliar na cura

Sugestões de Uso
Você pode usar este sigilo, compartilhá-lo, desenhá-lo em locais apropriados, usá-lo para bênçãos, tatuá-lo, etc. Pode ser usado para defender a casa, o corpo ou um local da comunidade.

Sigilo para a Proteção dos Direitos dos Transgêneros

Resumo
Semelhante ao Sigilo para Defender Pessoas Trans, este sigilo é focado em direitos e legislação. Esses dois sigilos podem ser usados juntos ou separadamente.

Local e Data de Criação
Scarlet Woman Lodge, Austin, TX, 3 de novembro de 2018

Quais Elementos Entraram no Sigilo
- Promover a compreensão
- Exigir respeito, atenção positiva
- Aumentar a compaixão
- Oportunidade para educar
- Força
- Promover a igualdade
- Conseguir aceitação
- Ter proteção

Sugestões de Uso
Você pode usar este sigilo, compartilhá-lo, desenhá-lo em locais apropriados, usá-lo em locais onde os direitos estão sendo violados ou em perigo ou pode usá-lo em cartões postais, legislação e outros materiais para educar as pessoas. É um sigilo de linha de frente por ajudar a defender os direitos trans, que são direitos humanos.

Sigilo de Poder

Resumo
Sigilo para todos aqueles que precisam de proteção e orientação. Podemos convocar seu poder para nos ajudar a navegar com segurança em nossa jornada rumo ao nosso destino.

Local e Data de Criação
Criado pela autora, 9 de novembro de 2016, Seattle, WA

Quais Elementos Entraram no Sigilo
- Proteção para aqueles que estão em uma crise ou necessidade
- Combinação dos elementos que nos compõem:
Terra, Ar, Fogo, Água e Espírito
- Reconhecimento do outro
- Equilíbrio e igualdade
- Revelação da semente da verdade, direcionando-a para fora para encontrar seu valor
- Calma dentro da tempestade
- Reconhecer o poder pessoal
- Honrar o corpo
- Promover a esperança
- Enfrentar e banir medos
- Estimular a ação que cria e apoia a mudança

Sugestões de Uso
Você pode transformar este sigilo em um talismã, tatuá-lo em seu corpo, traçá-lo durante a meditação, colocá-lo em uma vela, usá-lo na roupa – o que quer que o ajude a ativá-lo.

Sigilo de Salvaguarda dos Refugiados

Resumo
Sigilo projetado para ajudar a direcionar ajuda, recursos e atenção positiva para aqueles que precisam de assistência imediata, bem como cura e resolução.

Local e Data de Criação
Workshop virtual, 17 de agosto de 2021

Quais Elementos Entraram no Sigilo
- Fugir para um local seguro (se a fuga for necessária), oferecer direção
- Ninho/espaços seguros/abastecimento de locais seguros e recursos
- Estabelecer segurança e promover força
- Compaixão e amor
- Promover conexões (família + mundo)
- Proteção – do corpo, mas também das tradições e memórias
- Respeito e compreensão
- Coragem
- Saúde
- Educação (acesso e expansão)
- Liberdade

Sugestões de Uso
Use este sigilo como um foco no ritual para a coletividade/grupo no ritual para ajudar a chamar a atenção para a situação dos refugiados e abrir caminho para os recursos de que precisam. Use-o para abençoar lugares que estão ajudando refugiados.

Sigilo dos Direitos Reprodutivos

Resumo
Sigilo projetado para auxiliar na proteção dos direitos reprodutivos, não importa como estejam sendo ameaçados.

Local e Data de Criação
Workshop virtual, 25 de outubro de 2021

Quais Elementos Entraram no Sigilo
- Proteção de direitos, serviços, pessoas
- Maior acesso a procedimentos seguros e legais
- Foco na saúde
- Educação baseada em fatos sobre corpos, sexo, gravidez
- Autonomia do corpo/ respeito ao eu supremo
- Remoção de obstáculos a tratamentos seguros/legais para todos
- Legalização assegurada permanentemente, não sendo ameaçada ou derrubada

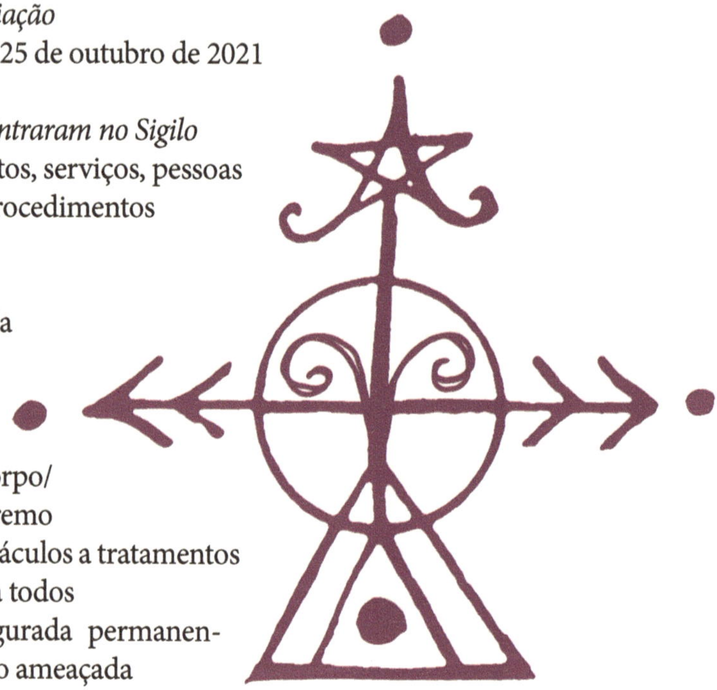

Sugestões de Uso
Use este sigilo em protestos (em cartazes e corpos), desenhe-o em locais apropriados (serviços de saúde, centros de educação), coloque-o em velas ou use-o em correspondências para instituições de saúde e jurídicas.

Sigilo Resiliente para Mulheres

Resumo
Sigilo para proteger, curar e trazer reconhecimento para todas as mulheres.

Local e Data de Criação
MagikCraft, Durham, NC,
18 de outubro de 2018

Quais Elementos Entraram no Sigilo

- Cura de trauma
- Proteção para mulheres
- Força para ser resiliente
- Sabedoria (para si mesma e para a coletividade)
- Esperança de mudanças
- Apoio da comunidade
- Amor (por si mesma, pelas mulheres)
- Acreditar/confiar (acreditar nas mulheres, manter a confiança do poder das mulheres em todos nós)

Sugestões de Uso
Você pode usar este sigilo para dar apoio a todas as mulheres e trazer mais compreensão para as questões e necessidades femininas, bem como para concentrar poder e força para proteger os direitos das mulheres em todos os lugares. Pode ser usado, desenhado em locais apropriados, colocado em cartazes de protesto, colocado em velas, usado para bênçãos e outras formas de proteção, ou desenhado no corpo com óleos essenciais.

Sigilo para a Proteção de Vulneráveis

Resumo

Este sigilo foi criado para ajudar aqueles que lidam com o abuso e para guiá-los no caminho para os recursos e possibilidades que permitirão uma vida segura e saudável. Atua não apenas como um escudo, mas também como um farol de esperança para o futuro.

Local e Data de Criação

Workshop virtual, 11 de abril de 2020

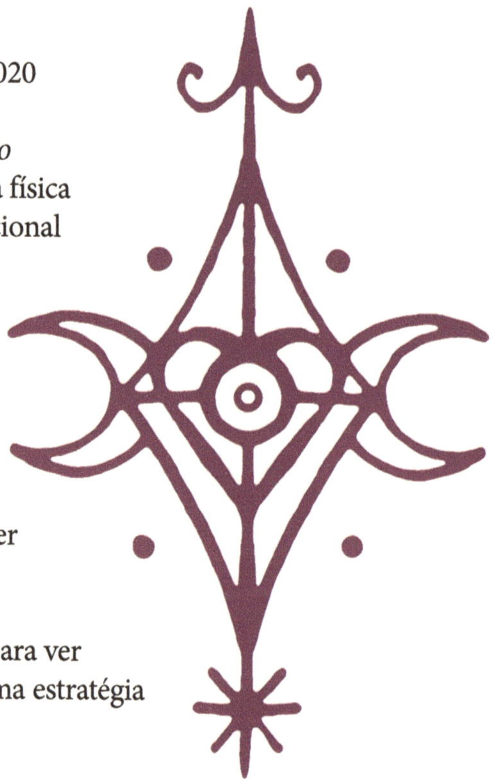

Quais Elementos Entraram no Sigilo

- Ficar seguro em casa – segurança física
- Paz de espírito – segurança emocional e mental
- Aptidão para ter bons limites
- Força
- Apoio para ajudar a planejar o futuro
- Acesso a recursos que trazem mudanças/reunir apoio
- Manter conexões seguras/saber que você não está sozinho
- Saídas saudáveis
- Clareza/discernimento mental (para ver a situação como ela é e elaborar uma estratégia segura e bem-sucedida)

Sugestões de Uso

Desenhe este sigilo no corpo diariamente usando um óleo que também ajude na proteção, esculpa-o em sabonete para lavar o corpo, coloque-o em uma vela (azul-clara, branca, roxa, prata ou dourada são boas opções), desenhe com fumaça ou água benta para focar ao redor de um lugar (onde quer que a pessoa vulnerável esteja vivendo, ficando ou sendo mantida segura), ou use-o em um feitiço de ligação.

Sigilo Shekhinah

Resumo
Sigilo criado para proteger os judeus e os espaços que são sagrados para eles. *Shekhinah* é uma transliteração inglesa de uma palavra hebraica que significa "habitar" ou "estabelecer" e denota a habitação ou estabelecimento que tem a presença divina de Deus.

Local e Data de Criação
Criado pela autora,
1 de novembro de 2018,
Nova Orleans, LA

Quais Elementos Entraram no Sigilo
- Estrela de David, representando o judaísmo adicionando "o que está acima é como o que está embaixo".
- Enviando proteção
- Amplificar a verdade e a sabedoria
- Iluminação
- Preservação das tradições e crescimento das gerações vindouras
- Centrado na comunidade
- Foco e orientação

Sugestões de Uso
Este sigilo pode ser desenhado em corpos e lugares para protegê-los ou esculpido em velas para focar e para bênçãos. Pode ser costurado, pintado, untado – o que você sentir necessidade de fazer.

SIGILOS PARA COMUNICAÇÃO

Os próximos sigilos ajudam a melhorar a comunicação, bem como a clareza da visão.

Sigilo Clareza para o Próximo Passo

Resumo
Este sigilo ajuda a lidar com a incerteza, especialmente se você estiver em posição de se perguntar: "Qual é o próximo passo? E agora? O que devo fazer?"

Local e Data de Criação
Workshop virtual,
11 de junho de 2020

Quais Elementos Entraram no Sigilo
- Melhorar a capacidade de ouvir, ser receptivo e estar ciente das oportunidades
- Incutir esperança e positividade
- Promover a aceitação/adaptabilidade – ser flexível e disposto a explorar novas opções
- Fornecer iluminação, aumentar a visibilidade do caminho, encorajar a revelação
- Ajudar a liberar o que é desnecessário/atraso para você
- Atrair criatividade e inspiração
- Incentivar o movimento/mobilidade para a frente
- Manter o equilíbrio de forma saudável

Sugestões de Uso
Use este sigilo para vidência e adivinhação, coloque-o em seu altar para atuar como um ponto focal, esculpa-o em uma vela (roxa, verde, azul ou branca são boas opções) para inspirar, ungir seu corpo desenhando-o antes do transe ou trabalho ritual, ou use-o para meditação.

Sigilo A Verdade Fala

Resumo
Sigilo projetado para combater a desinformação, abrindo caminho para que a verdade seja falada e ouvida.

Local e Data de Criação
Workshop virtual, 27 de junho de 2020

Quais Elementos Entraram no Sigilo
- Revelação da verdade
- Claridade/sinal claro
- Movimento de informações na direção correta
- Cura/foco na saúde
- Promover o pensamento/ discernimento crítico
- Encorajar ações positivas (coisas que ajudam, não prejudicam)
- Consciente da coletividade – estar mais consciente de que estamos todos interconectados, olhar para todos, não apenas para si mesmo
- Aumentar a compaixão e a empatia

Sugestões de Uso
Esculpir ou colocar este sigilo em uma vela para ajudar a promover a verdade ou direcionar a energia para a comunidade, governo local ou mídia. Use-o em protestos para amplificar a mensagem ou para vidência e adivinhação no intuito de descobrir o que está bloqueando a verdade, bem como para proteger a verdade.

Sigilo da Palavra Sábia

Resumo
Este sigilo promove uma comunicação clara e respeitosa, pensamento crítico, compreensão de leitura e escuta ativa.

Local e Data de Criação
Criado pela autora, Seattle, WA, 13 de setembro de 2018

Quais Elementos Entraram no Sigilo
• Direcionar a atenção para o cerne da questão e a intenção da mensagem/palavra
• Melhorar a capacidade de entender o que está sendo comunicado
• Incentivar padrões de pensamento novos e criativos para aumentar a compreensão
• Melhorar o equilíbrio entre ouvir e aprender, silenciando os ruídos
• Interromper ciclos de feedback de natureza negativa enquanto ajuda na interação positiva
• Evitar respostas instintivas, desinformadas, desrespeitosas e/ou irrelevantes
• Instilar contemplação e pensamento mais profundo

Sugestões de Uso
Coloque este sigilo em computadores e telefones e em salas de aula e salas de reunião – locais onde ocorre a comunicação são ideais. Incorpore-o em sites, e-mails e placas.

SIGILOS AMBIENTAIS

Os próximos sigilos estão focados em preservar e proteger o meio ambiente, ao mesmo tempo em que divulgam a conscientização sobre as mudanças climáticas e questões que afetam a saúde do nosso planeta.

Sigilo para Adaptabilidade (Sigilo Nós Podemos Fazer isso)

Resumo
Este sigilo ajuda a nos adaptar às mudanças de maneiras que beneficiarão tanto a humanidade quanto o Planeta. Ajuda-nos a ser flexíveis trabalhando para criar uma sociedade melhor para todos.

Local e Data de Criação
Workshop virtual, 12 de setembro de 2020

Quais Elementos Entraram no Sigilo
- Resiliência, proteção
- Foco nas mudanças climáticas, responsabilidade pessoal, conhecimento
- Preparar-se para o crescimento e sentir-se confortável com um novo normal
- Clareza e percepção (insight)
- Paz, equilíbrio
- Recuperar poder, força
- Curar

Sugestões de Uso
Desenhe ou esculpa este sigilo em uma vela (sugiro as cores branca, verde ou azul), desenhe no corpo com um óleo que se alinha com o seu foco, incorpore-o em trabalhos com foco nas mudanças climáticas, use-o como foco de meditação ou para proteção e orientação do corpo, do lar e da comunidade.

Sigilo para Apagar Incêndios (para Cura e Conexão com a Terra)

Resumo
Este sigilo ajuda a nos conectar mais profundamente com a terra para ajudar a prevenir futuros incêndios e apagar os existentes.

Local e Data de Criação
Workshop virtual, 17 de outubro de 2020

Quais Elementos Entraram no Sigilo
- Proteger a terra
- Incentivar padrões climáticos mais favoráveis
- Ajudar a aprender com o passado/ aproveitar essa sabedoria para evitar incêndios futuros
- Estimular a crença nas mudanças climáticas e abraçar a ciência
- Segurança para pessoas, lugares e animais
- Cuidar da terra
- Chuva suave (para que a terra possa absorver/beber a chuva de forma eficaz)
- Equilíbrio
- Aprofundar a conexão/interconexão com a terra

Sugestões de Uso
Coloque este sigilo em velas (brancas básicas são ótimas; velas azuis, verdes ou cor de terra são especialmente boas), desenhe-o na terra ao redor de sua casa ou em áreas vulneráveis ao fogo, use-o como foco de meditação em seu altar ou desenhe-o em um mapa das áreas afetadas para usar como ponto focal.

Sigilo para Conter Incêndios Florestais

Resumo
Este sigilo pode ser usado para ajudar a combater e conter incêndios florestais violentos, bem como colocar energia para prevenir incêndios descontrolados.

Local e Data de Criação
The Green Man, Los Angeles, CA, 9 de novembro de 2018

Quais Elementos Entraram no Sigilo
• Prevenção
• Padrões climáticos favoráveis
• Conscientizar/educar
• Resposta às situações críticas/ recursos/suporte
• Proteção
• Equilíbrio do meio ambiente

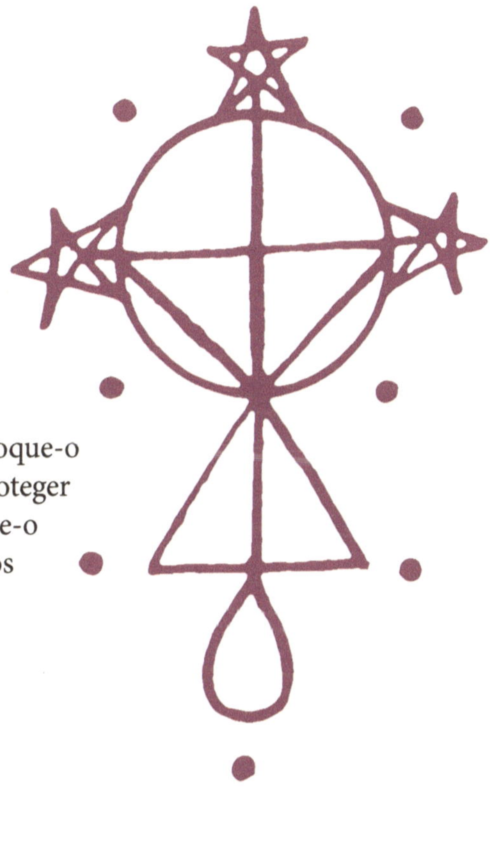

Sugestões de Uso
Esculpa este sigilo em uma vela (azul ou verde é recomendada), coloque-o em áreas propensas ao fogo para proteger a terra, desenhe-o com água ou use-o em meditação para rituais climáticos e na magia.

Sigilo para Proteger a Água

Resumo
Sigilo projetado para manter nossas fontes de água protegidas, limpas e livres da ganância corporativa.

Local e Data de Criação
Earth Warriors Festival, Clarksville, OH, 28 de setembro de 2018

Quais Elementos Entraram no Sigilo
- Água limpa
- Água acessível
- Água corrente gratuita
- Água grátis/sem custo, sem interesses corporativos
- Proteger as águas subterrâneas
- Reconhecimento de "como é em cima, será abaixo"
- Proteção

Sugestões de Uso
Use este sigilo com velas azuis ou brancas para enviar proteção, desenhe-o perto de corpos d'água, direcione-o em direção a fontes de poluição, ou use-o em conjunto com oferendas a espíritos da água e divindades.

SIGILOS COMUNITÁRIOS

Enquanto a coleção de sigilos para proteger as pessoas se concentra em grupos específicos, os sigilos para a comunidade têm um espectro mais amplo para ajudar a unir as pessoas. Eles também se concentram em remover ou aliviar os obstáculos que impedem o companheirismo.

Sigilo para Construir e Fortalecer a Comunidade

Resumo
Sigilo projetado para ajudar a estimular a comunidade através de um envolvimento maior, inclusão, consciência, compreensão e respeito.

Local e Data de Criação
Fantasia Crystals, Phoenix, AZ, 22 de junho de 2018

Quais Elementos Entraram no Sigilo
- Permitir um fluxo saudável de comunicação falar/ouvir/reconhecer/compreender)
- Enfatizar o respeito mútuo
- Ajudar a construir uma base estável e um terreno comum
- Inspirar liderança dinâmica/positiva
- Incutir integridade
- Ser inclusivo, incorporando a diversidade
- Incentivar a participação/reunião

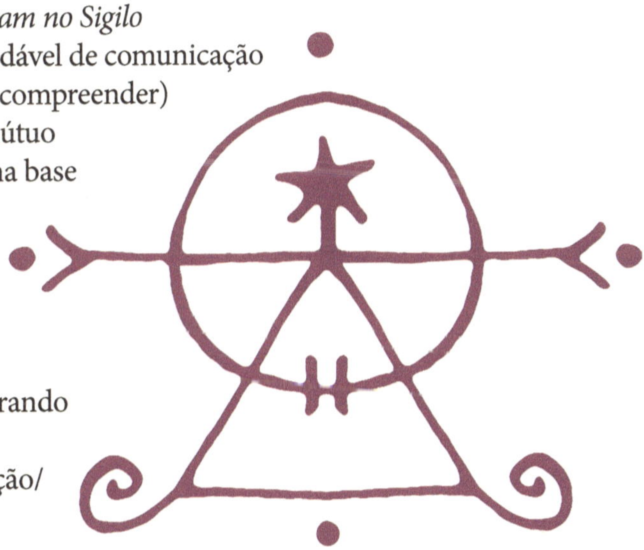

Sugestões de Uso
Ideal para ser colocado em espaços comunitários: desenhado em paredes e pisos, em toalhas para altar ou arranjos de flores, colocados em estandartes e na base de uma fogueira antes de ser acesa, etc. Pode ser usado para abençoar reuniões e festivais, eventos do Orgulho Pagão e assim por diante.

Sigilo do Terreno Comum

Resumo
Este sigilo pode ajudar a quebrar as barreiras e preconceitos (e equívocos) que nos impedem de ver que temos mais em comum com os outros do que podemos pensar.

Local e Data de Criação
Indigo Mermaid, Las Cruces, NM, 5 de novembro de 2018

Quais Elementos Entraram no Sigilo
- Deixar de lado tudo o que nos impede de encontrar um terreno comum
- Comunicação aprimorada
- Abraçar o outro
- Encontro no meio do caminho com segurança
- Adaptabilidade
- Empatia
- Reconhecimento da humanidade
- Conexão à terra/aterramento

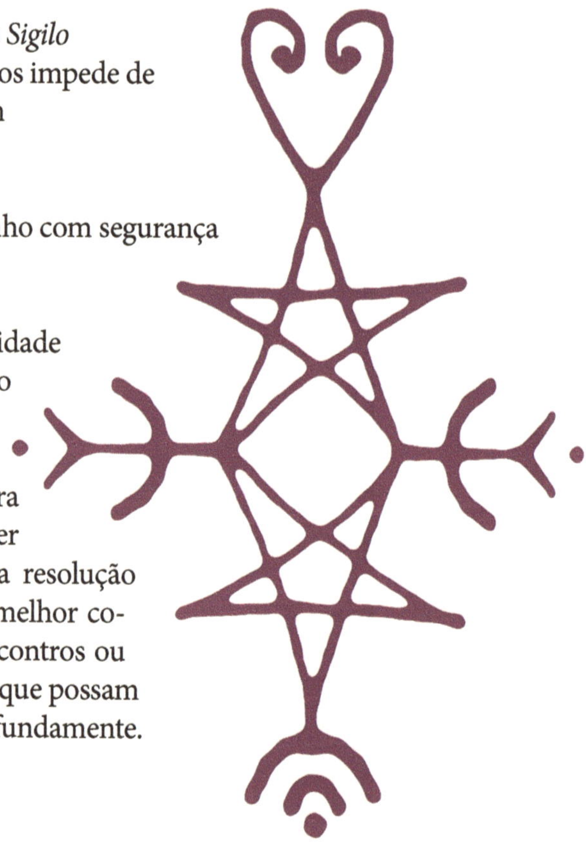

Sugestões de Uso
Você pode usar este sigilo para dar apoio aos outros e trazer mais compreensão, ajudar na resolução de conflitos, promover uma melhor comunicação em reuniões e encontros ou levantar o véu dos olhos para que possam ser capazes de olhar mais profundamente.

Sigilo para a Dissolução do Ódio

Resumo
O objetivo do sigilo é basicamente o que ele diz: dissolver o ódio. Para avançar como sociedade, temos que limpar o ódio – e tudo aquilo que gera o ódio.

Local e Data de Criação
Books, Beans & Candles, Birmingham, AL, 28 de outubro de 2018

Quais Elementos Entraram no Sigilo

- Limpeza e purificação do espírito para remover o ódio
- Tolerância (de diversidade, não de ódio)
- Reordenamento de prioridades para o bem de todos
- Movimento para frente
- Justiça igualitária
- Amor-próprio e amor no sentido geral
- Ensinar
- Poder para mudar o ponto de vista de alguém, aumentar a compreensão
- Ativar simpatia, empatia e compaixão
- Promover paz e harmonia

Sugestões de Uso
Você pode usar este sigilo, compartilhá-lo, desenhá-lo em locais apropriados, fazer placas com ele, colocá-lo em velas ou usá-lo para bênçãos e outras formas de proteção. Pode utilizá-lo para dar apoio aos outros, trazer mais compreensão e orientar os conflitos em direção a uma solução positiva e poderosa.

Sigilo de Igualdade

Resumo
Este sigilo se concentra na criação ou reconstrução de uma comunidade com fundamento baseado na igualdade, equidade e justiça para todos.

Local e Data de Criação
Thorn & Moon Magickal Market, Houston, TX, 3 de novembro de 2018

Quais Elementos Entraram no Sigilo
- Gerar unidade
- Trazer compreensão
- Encorajar o amor/compaixão
- Incutir paciência
- Habilitar a comunicação
- Construir pontes
- Proteger a paz (guerreiro/guardião)

Sugestões de Uso
Este sigilo pode ser colocado no coração de uma vila, cidade ou local onde a comunidade se reúne, usado em trabalhos com velas (use qualquer cor que pareça apropriada para o local), direcionado para a legislação ou usado como foco de meditação.

Sigilo Fatia do Bolo

Resumo
Sigilo projetado para ajudar a criar uma sociedade onde todos experimentem abundância e se sintam bem-vindos.

Local e Data de Criação
Celestial Rites, Tucson, AZ,
6 de novembro de 2018

Quais Elementos Entraram no Sigilo
- Prosperidade e abundância
- Proteção
- Inclusivo, acolhedor
- Autoperpetuação/construção
- Amor
- Aceitação/tolerância
- Cura

Sugestões de Uso
Use esse sigilo para cartazes de manifestação, desenhe-o em locais onde as pessoas se reúnem ou coloque-o em uma vela para ajudar a equalizar uma situação ou trazer resultados que sejam equitativos para todos os envolvidos.

Sigilo da Raiz para o Céu

Resumo

Este sigilo abrange a necessidade de colocar energia na raiz de uma situação para que o trabalho possa crescer e atender necessidades maiores à medida que se expande e se resolve. Isso ajuda a envolver as pessoas no nível crítico da raiz e a manter energia em movimento ao longo do processo – produzindo efeitos de longo prazo mais poderosos.

Local e Data de Criação

Star + Splendor, Voorheesville, NY,
24 de setembro de 2019

Quais Elementos Entraram no Sigilo

- Ampliar/aumentar a compaixão
- Segurança/tranquilidade para as pessoas
- Apoio ao meio ambiente – especialmente enfatizando a liderança que promove o cuidado e a conscientização sobre ele
- Proteção contra o medo (mas também para estar ciente do que está acontecendo – sem enganação)
- Envolver/sustentar a motivação da comunidade
- Justiça efetiva e oportuna

Sugestões de Uso

Ideal para compartilhar e trabalhar em grupo para apoiar o progresso e crescimento positivo em sua comunidade local e além. Coloque em velas, use para meditação, desenhe no chão, projete-o ou trabalhe-o em uma legislação que afete sua comunidade. Ajuda a manter o fluxo de energia fluindo – com motivação, relevância, sensação de paz, resolução e segurança.

Sigilo da Raiva Transformadora

Resumo
Este sigilo transforma a raiva, para que o resultado final seja construtivo e solidário, em vez de direcionar essa energia para gerar violência.

Local e Data de Criação
Crystals, Candles & Cauldrons, Baltimore, MD, 9 de outubro de 2018

Quais Elementos Entraram no Sigilo
- Incentivar o crescimento construtivo ao invés da ação destrutiva
- Criar espaço para ser ouvido e reconhecido
- Fornecer recursos e suporte
- Direção de energia – dispersa, dissipa ou constrói positivamente
- Limpeza
- Cura

Sugestões de Uso
Coloque este sigilo nas velas com foco em trazer paz e resolução para áreas de conflito e violência. Pode ser desenhado em um local de manifestações e outros eventos suscetíveis à violência que podem causar interrupção ou ocultar/dificultar a mensagem.

SIGILOS PARA VOTAÇÃO E ELEIÇÃO

Os próximos sigilos foram projetados para proteger os direitos de voto. Eles reconhecem a relação entre esforços metafísicos e mundanos. Ambos os aspectos são vitais e necessários, ajudando a capacitar as pessoas.

Sigilo Acertando no Alvo

Resumo
Este sigilo ajuda a garantir que sua cédula enviada pelo correio seja entregue em tempo e seja contada.

Local e Data de Criação
Criado pela autora, Rhode Island, 10 de outubro de 2020

Quais Elementos Entraram no Sigilo
• Acerto no alvo (o voto é recebido e contado)
• Garantir que seu voto/sua voz sejam vistos e incluídos
• A cédula é protegida contra adulteração ou atrasos
• Incentiva boa saúde/verdade/confiança no sistema
• Afasta a negatividade/más intenções e reduz o poder daqueles que procuram causar danos

Para desenhar este sigilo:
Este sigilo tem uma ordem recomendada para ser desenhado em sua cédula:
4. Desenhe um ponto grosso (.)
5. A partir do ponto, desenhe um V (o ponto sendo a base/ponto crucial do V).
6. Desenhe um círculo ao redor do ponto e da base do V.
7. Em cada braço do V, desenhe um V menor voltado para cima para criar caudas de flecha
8. Desenhe uma lua crescente voltada para baixo que se sobreponha a ambos os braços.
9. Desenhe um sinal de mais + entre os braços do V e coloque um X ao sul, leste e oeste do olho.

Sugestões de Uso

É vital que você preencha e devolva sua cédula pelo correio assim que a receber. Certifique-se de seguir cuidadosamente as instruções sobre o envelope de segurança, assinatura e postagem (se necessário). Este sigilo pode ser fácil e discretamente desenhado na aba interna do envelope externo na área adesiva antes de selá-lo. Ele se tornará basicamente invisível e não será visto por ninguém e, uma vez selado, ele se tornará parte do envelope. Não desenhe o sigilo do lado de fora do envelope ou em qualquer outro lugar onde possa ser visto. Se desenhar o sigilo muito pequeno não é uma opção para você, pode desenhar com o dedo no envelope.

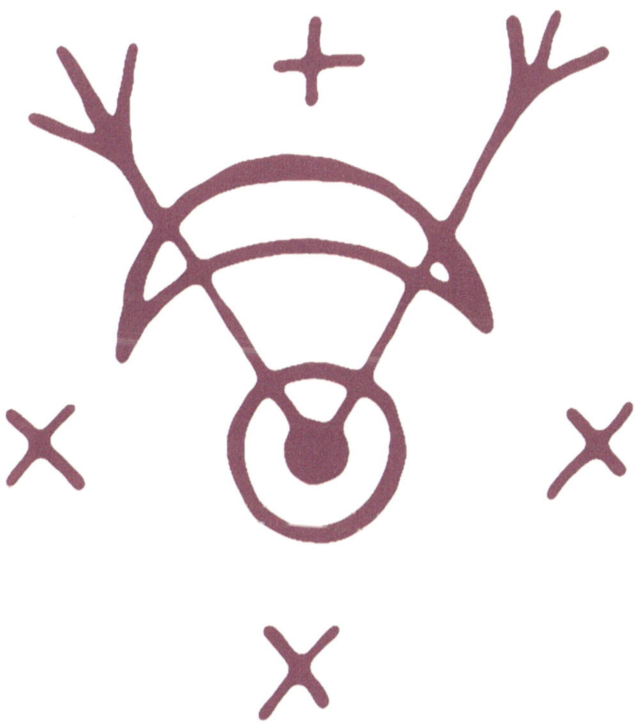

Sigilo para Proteger a Eleição

Resumo

Este sigilo é projetado para ajudar a proteger uma eleição de adulteração externa e para impedir aqueles que procuram interferir no processo democrático.

Local e Data de Criação

Workshop virtual,
22 de outubro de 2020

Quais Elementos Entraram no Sigilo

- Foco na saúde/ sanidade mental da comunidade
- Acessibilidade/fim da repressão/ supressão do eleitor
- Transição pacífica de poder em todos os níveis
- Resultados justos e honestos rapidamente/ verdade empoderada
- Liberdade para todos, beneficiando o bem maior, resultado positivo
- Clareza e transparência
- Justiça
- Proteção contra influências externas/manipulação/obstrução
- Estabelecer as bases que levam ao futuro progresso/reunificação/cura

Sugestões de Uso

Desenhe ou esculpa este sigilo em uma vela (as cores branca ou azul são sugeridas) e queime-a durante o tempo em que uma eleição está acontecendo. Use esse sigilo para abençoar locais de votação e caixas de entrega (invisivelmente). Você pode enfeitar o corpo com ele de maneiras sutis (se você estiver saindo para votar ou trabalhar nas pesquisas).

Sigilo Saia e Vote

Resumo

O nome deste sigilo diz tudo – o objetivo é encorajar as pessoas a participarem do processo de votação. Cada voto conta. Ele lembra ao eleitor que não deve ser dissuadido pelo sensacionalismo e nem abrir mão de seu direito de ser ouvido.

Local e Data de Criação

Dia do Orgulho Pagão de Atlanta,
20 de outubro de 2018

Quais Elementos Entraram no Sigilo

- Faz com que as pessoas se registrem para votar a tempo
- Se esforçar ao máximo/ter intenção de votar
- Transporte/acessibilidade
- Segurança
- Planejar/elaborar um plano
- Liberdade de voto

Sugestões de Uso

Ideal para uso durante campanhas de registro de eleitores. Coloque-o em lugares onde as pessoas se registram para votar ou coloque-o em velas para direcionar a energia para as pessoas que são elegíveis a votar.

Sigilo de Proteção dos Direitos ao Voto

Resumo

Este sigilo abre o caminho para as pessoas fazerem suas vozes serem ouvidas no processo de votação sem serem impedidas ou restringidas ilegalmente ou injustamente. É especialmente útil para direcionar a ajuda para áreas onde adulteração, falsificação, intimidação do eleitor e outros meios de tentar privar ou dissuadir as pessoas de votar são questões muito sérias.

Local e Data de Criação

Robin's Nest, Bellingham, MA, 12 de outubro de 2018

Quais Elementos Entraram no Sigilo

- Consciência dos direitos ao voto
- Transparência do processo
- Processo jurídico
- Justiça salvaguardada
- Igualdade
- Acessibilidade para votação
- Autoridade, direito soberano mantido
- Equidade
- Proteção

Sugestões de Uso

Este sigilo pode ser usado para proteger locais de votação e locais onde as pessoas se registram para votar, direcionado para a legislação que afeta os direitos de voto ou desenhado na pele com óleo/ usado discretamente para proteção.

Sigilo Democracia Viva

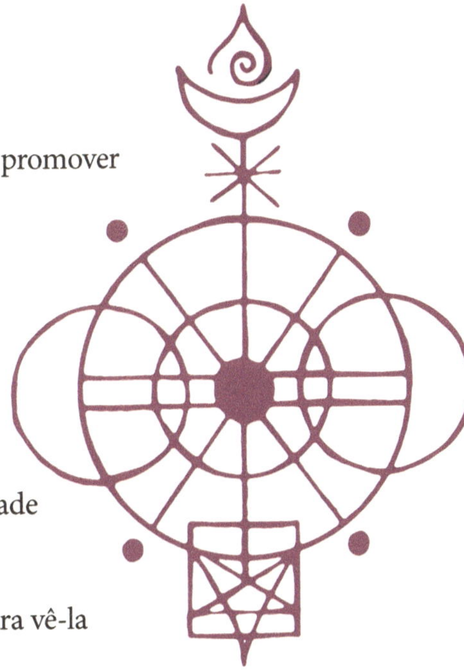

Resumo
Sigilo projetado para ajudar a proteger, promover e preservar a democracia.

Local e Data de Criação
Workshop virtual, 16 de janeiro de 2021

Quais Elementos Entraram no Sigilo
- Proteção
- Manter a paz
- Justiça, imparcialidade, responsabilidade
- Liberdade, luz para/da liberdade, esclarecimento
- A verdade revelada e a perspectiva para vê-la integralmente e com clareza
- Cura e resiliência
- Integridade do começo ao fim
- Comunidade, colaboração
- Promover respeito e igualdade
- Focado no futuro, possibilidades, potencial, esperança, prosperidade

Notas do Projeto
O sigilo está impresso aqui em uma única cor , mas também está publicado em meu blog com uma versão colorida que segue o modelo da Bandeira do Orgulho da Filadélfia[48]. Usei esse esquema de cores como inspiração, fazendo uma roda de cores ao redor e colocando marrom e preto no centro – entre as duas barras que usamos para simbolizar integridade com igualdade combinada. Sem reconhecimento e respeito pelas vozes do BIPOC, a democracia não pode florescer.

Sugestões de Uso
Use este sigilo como um foco coletivo no ritual, coloque-o em uma vela (branca é uma boa cor básica e azul é outra excelente escolha, mas siga sua

48 Laura Tempest Zakroff, *The Living Democracy Sigilo*, (blog), Patheos, January 16, 2021, https://www.patheos.com/blogs/tempest/2021/01/the-living-democracy-sigil.html.

intuição), coloque-o em seu altar, use-o para proteção e Bruxaria orientada para a justiça, adicione-o a cartazes e camisas de protesto ou use-o ao trabalhar com divindades que também representam ideais democráticos e de justiça.

COMBINANDO SIGILOS

Normalmente, um sigilo é mais do que suficiente para fazer o trabalho, mas ocasionalmente vários sigilos podem funcionar melhor e mais eficazmente do que apenas um. Às vezes, um problema é tão grande ou complexo por natureza, que dividi-lo em partes menores faz com que o problema seja abordado ou resolvido com mais facilidade. Como diz o ditado, muitas mãos tornam o trabalho leve. Não é que vários sigilos tornem o trabalho mais fácil, mas eles podem nos ajudar a focar em aspectos integrais e necessários, podendo nos guiar para o sucesso com mais facilidade.

Incluídos nesta seção estão vários tipos de sigilos combinados para dar a você diferentes exemplos de quando e como pode usar um sigilo agrupado ou trabalhar vários sigilos juntos. Como você verá, todos os sigilos dentro de uma combinação ou agrupamento estão relacionados, então eles ainda fazem parte de um trabalho comum ao invés de serem díspares ou não relacionados. A continuidade cria impulso e uma forte estrutura para o sucesso.

O Feitiço e Sigilo Sétuplo da Lua Minguante é um exemplo de um trabalho que tem várias partes que podem ser usadas separadamente ou combinadas, dependendo de quanto tempo e recursos o usuário tem[49]. Também incluí as instruções originais do feitiço, para que você possa ver como todas as partes funcionam. O Quintisigil é um design que utiliza cinco sigilos estabelecidos que você reconhecerá de um capítulo anterior. Cada um está presente em sua forma original, mas foi organizado para fazer uma nova imagem combinada geral, aproveitando o poder de todos os cinco para diferentes aspectos. O próximo exemplo pode já ser familiar se você leu meu livro *Anatomy of a Witch*. Existem cinco sigilos individuais –

[49] Este feitiço é explicado na seguinte postagem no blog e no vídeo do YouTube: Laura Tempest Zakroff, *A Witch's Sevenfold Waning Moon Spell for Magical Resistance*, A Modern Traditional Witch (blog), Patheos, June 6, 2020, www.patheos .com/blogs/tempest/2020/06/a-witchs-sevenfold-waning-moon-spell-for-magical-esistance.html; Laura Tempest Zakroff YouTube Channel, *Sevenfold Waning Moon Spell-Magical Resistance*, 7 de junho de 2020, https://www.youtube.com/watch?v=UjLzqpW5hAc.

um para cada parte da anatomia da Bruxa – e um sigilo maior que combina todos eles. Esta abordagem permite que você se concentre em um sistema de cada vez e, em seguida, aborde todo o corpo em conjunto.

O sigilo Corpo Estelar foi concebido como um frontispício para representar energicamente a totalidade do trabalho publicado. A obra de arte utiliza imagens representativas e sigilos estilizados para transmitir sua mensagem.

Feitiço e Sigilo Sétuplo da Lua Minguante

Resumo

O Feitiço Sétuplo da Lua Minguante é um trabalho de resistência mágica projetado para ajudar a quebrar e banir o racismo, destruindo a supremacia branca que o alimenta. Cada parte do símbolo do feitiço centra-se em um aspecto diferente a ser abordado e quebrado. O feitiço também é projetado para ser flexível em termos de tempo e aplicação, para que você possa adaptá-lo para se adequar à sua prática pessoal. Muitas pessoas tendem a recorrer ao máximo a lua para lançar feitiços, mas todos os aspectos do ciclo lunar podem ser utilizados. A lua minguante é um excelente momento para trabalhar banimentos, limpezas e outros trabalhos que se concentram na diminuição ou destruição de problemas. Este feitiço é sétuplo, porque 7 é o número da carta Carro nos Arcanos Maiores do Tarô, significando um impulso, uma conquista, triunfo sobre os inimigos, manifestação do equilíbrio. Além disso, um mês lunar tem aproximadamente 28 dias, então este trabalho é definido por duas semanas (meio mês lunar), ou o início, meio e fim do período da lua minguante (7, 14 e 21). Além disso, a carta da Torre é a 16, ou 1 + 6 = 7.

Data e Local de Criação

Junho de 2020

(lançamento virtual em uma postagem de blog e vídeo no YouTube)

Quais Elementos Entraram no Sigilo

- Lua minguante = banir e liberar energia
- X = acabar com a brutalidade e a violência policial
- Asterisco de oito pontas = acabar com a ignorância e a desinformação que alimenta o racismo
- Olho aberto = remover as proteções que permitem que aqueles que procuram prejudicar abram os olhos para suas verdadeiras ações, para que a verdadeira reforma possa acontecer
- Linhas onduladas paralelas = remover a burocracia que cria/sustenta leis injustas
- Diamante quebrado com pontos = corte do dinheiro que apoia o racismo sistêmico e redistribuição para a construção da comunidade
- Estrela de cinco pontas = remoção de bloqueios para o avanço e crescimento da comunidade
- Seta para baixo = destruir a supremacia branca

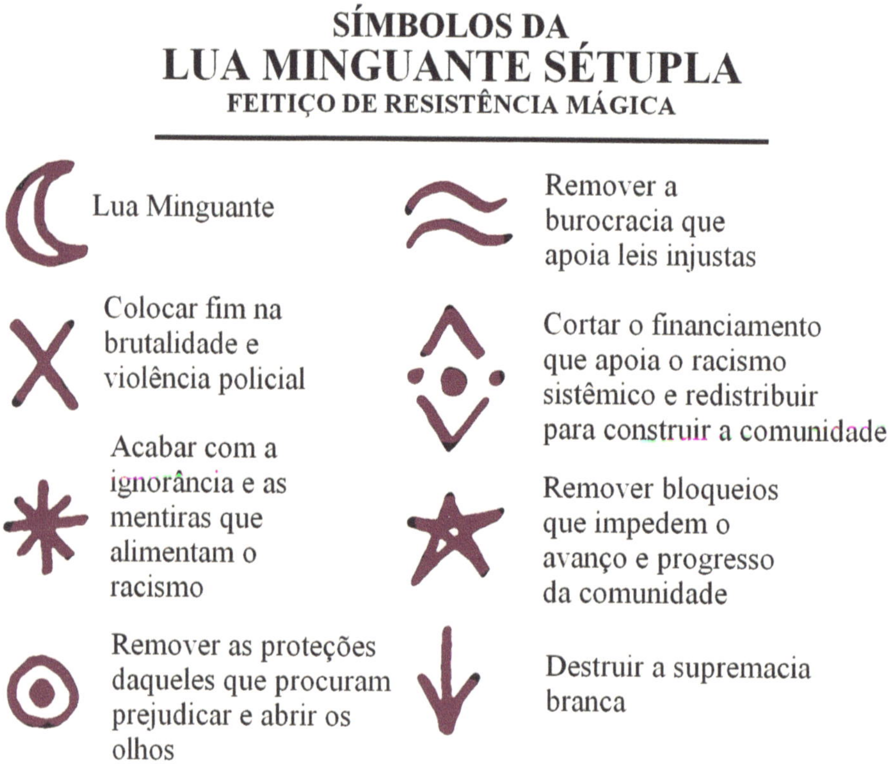

Símbolos do Feitiço Sétuplo da Lua Minguante

Dois gráficos estão incluídos com este feitiço. À esquerda há uma linha com oito símbolos, para que você possa fazer referência a cada um facilmente. À direita está o sigilo combinado que incorpora todos os símbolos, caso tenha tempo ou recursos limitados. As imagens podem ser impressas e coladas em uma vela, mas mesmo que faça isso, recomendo traçar/desenhar sobre os símbolos ou sigilos para que você possa realmente se conectar a ele.

Suprimentos

- Uma vela de sete dias, uma vela cônica alta ou sete velas pequenas para aromatizador (brancas ou amarelas)
- Castiçais (se necessário)
- Um marcador ou algo para esculpir
- Um pedaço de papel ou tecido (opcional)

Vela Lua Minguante Sétupla

Instruções

1. Pegue uma vela longa o suficiente para marcar sete sigilos nela. Pode ser uma vela alta de sete dias em uma jarra de vidro ou de cone alto. As cores sugeridas são a branca ou a amarela para clareza, limpeza e justiça, mas escolha o que funciona melhor para você. No vidro, você pode pintar ou escrever no suporte com um marcador

permanente (preto ou roxo é recomendado para velas de cores claras; você pode usar dourado, amarelo ou prata para velas escuras). Com a vela em cone, você pode esculpir ou escrever nela. Se estiver completamente sem velas altas, pode usar sete *rechauds*.

2. Se a vela for larga o suficiente no topo, desenhe uma lua crescente e uma minguante ao redor do pavio. Se ela não for larga o suficiente, você pode desenhar a lua minguante no fundo, no suporte cônico ou em um pedaço de papel ou tecido e colocar o desenho com segurança embaixo. Em seguida, na lateral da vela, você vai desenhar os próximos sete símbolos. Você pode optar por desenhá-los todos de uma vez, para ver por quanto tempo a vela queima a cada noite, ou pode desenhar o próximo símbolo a cada noite para obter um novo foco. Com as velas de chá, você pode desenhar a lua minguante na parte inferior de cada suporte e o símbolo no topo. (Permita que cada vela de chá queime completamente.)

3. Ao acender a vela, concentre-se no que aquele símbolo representa. Se você trabalha com uma divindade, espírito ou ancestral específico, pode convocá-los para ajudá-lo na tarefa, por exemplo "X, eu invoco você e os poderes da lua minguante para me ajudar no (foco). Que assim seja". O foco é mais importante que as palavras, então se você estiver inspirado, pode cantar, entoar, dançar – qualquer que seja sua forma preferida de aumentar a energia e que guie sua vontade em sua prática. Permita que a vela queime através do símbolo ou o ultrapasse todas as noites.
4. O objetivo é focar em um símbolo por dia durante quatorze dias (basicamente a duração de tempo da lua cheia à lua nova), então será uma vela alta por semana (ou uma vela de chá por dia). Se não conseguir fazer isso todos os dias, poderá fazer o trabalho em intervalos de sete dias usando o sigilo combinado (veja a seguir), queimando uma vela inteira de cada vez.

Como Funciona Este Feitiço?

Como acontece com qualquer feitiço, a magia começa com o pensamento. Isso ajuda a chamar a atenção para as questões cruciais que precisam ser endereçadas. Este trabalho ajuda a direcionar o foco e a energia para o que precisa ser feito, mas não é a única ação que você deve tomar. Como sempre, a ação metafísica precisa ser seguida de uma ação mundana ou física, como apoiar grupos e organizações locais e nacionais trabalhando ativamente para a mudança, investindo e sendo ativo em seu governo local, registrando-se para votar e encorajando outros a sair também para cada eleição e seguindo a orientação dos líderes da comunidade.

Existem Divindades ou Espíritos Sugeridos com os quais Eu Deveria Trabalhar?

Se você já trabalha com divindades ou espíritos, recomendo começar por aí. Se atualmente não estiver trabalhando com nenhum espírito ou divindade, concentre-se na presença divina dentro de você, ou invoque todos os nossos ancestrais comuns, ou conecte-se com membros dos Mortos Poderosos que estão associados à justiça social. Faça sua pesquisa antes de invocar qualquer espírito ou divindade que nunca tenha trabalhado antes, e apresente-se antes de trabalhar com eles.

Posso Adicionar outros Elementos a este Feitiço?

Sim, faça o que se sentir chamado a fazer, desde que esteja de acordo com o foco geral. Por exemplo, você pode querer preparar a vela de outras maneiras, com óleos, ervas ou outras imagens. Este feitiço pode ser uma base para um trabalho/ritual maior, ou pode ser completamente independente. Os enfeites ficam a critério de cada Bruxa, praticante de magia ou Coven.

Quintisigil

Resumo

O *Quintisigil* (também conhecido como *Cinquesigil*) representa o foco combinado de cinco dos sigilos da magia compartilhada que são essenciais para mudanças sociais mais dramáticas. Como este sigilo incorpora cinco poderes de sigilos muito poderosos, *quinti*, refere-se à sua natureza quíntupla e é uma brincadeira com a palavra *quintessencial*. *Cinque* também se refere a quíntuplo e é um aceno para a erva cinco-em-rama, ou grama de cinco dedos, que tem inúmeras propriedades mágicas atribuídas a ela, incluindo proteção. Diz-se que as cinco pontas das folhas representam sabedoria, poder, saúde, dinheiro e amor. Os sigilos foram organizados com o espaço mágico em mente: quatro deles representam as direções e os elementos, enquanto o centro conecta acima e abaixo. Todos juntos criam um cruzamento onde uma poderosa magia pode ser trabalhada.

Local e Data de Criação
Este sigilo foi criado em junho de 2020, com colaboração em serigrafia da Little Black Egg, em San Francisco, CA, para arrecadar fundos para as causas Black Visions Collective, Juxtaposition Arts, Black Women Speak, National Bail Out e Stacey Abrams's Fair Fight[50]. A arte foi impressa em camisas e *patches.* Mais de $ 5.500 foram arrecadados.

Quais Elementos Entraram no Sigilo Combinado
• O Sigilo do Poder (Centro): o primeiro dos sigilos mágicos compartilhados foi criado em novembro de 2016. Projetado para proteger e capacitar todos aqueles que precisam dele para apoiar direitos e promover o reconhecimento do outro dentro de cada um de nós. A variação invertida deste sigilo foi selecionada para promover o apoio da comunidade no nível raiz.

• **Um Sigilo para Proteger os Manifestantes (Leste):** projetado não apenas para proteger os manifestantes, mas também para garantir que sua mensagem seja vista, fique visível, seja ouvida e tenha impacto – bem como para incutir esperança. O elemento Ar é frequentemente associado ao Leste e é um elemento de comunicação.

• **O Sigilo da Liberdade 2020 (Sul):** no Sul, a direção é frequentemente associada ao elemento Fogo, e este sigilo representa a libertação das estruturas envelhecidas que nos prendem e nos dobram – como indivíduos, bem como sociedade e comunidade global maior. Simboliza a libertação da corrupção, desigualdade, fanatismo, racismo e todos os medos que são impostos sobre os direitos humanos básicos e dignidade – bem como a saúde do Planeta. Também representa a liberdade de ajudar a trazer mudanças efetivas e duradouras que movem toda a humanidade para frente sem deixar ninguém para trás.

• **Um Sigilo para a Dissolução do Ódio (Oeste):** usando as propriedades de limpeza e cura do elemento Água, este sigilo funciona para dissolver o que alimenta o ódio. Ele cria o potencial para um novo terreno que atua como uma base de respeito e compreensão a ser construída.

---

50 N.T.: instituições norte-americanas sem fins lucrativos em prol das causas LGBTQIA +, direitos das mulheres, incentivo ao voto e racismo, por exemplo.

• **O Sigilo da Raiz para o Céu (Norte):** ancorado no elemento Terra, este sigilo abrange a necessidade de colocar energia na raiz de uma situação para que o trabalho possa crescer para atender necessidades maiores à medida que se expande e esclarece. O sigilo ajuda a envolver as pessoas nesse nível crítico de raiz e a manter energia em movimento para o processo – produzindo efeitos de longo prazo mais poderosos que beneficiam a si mesmo, a comunidade e além.

Quintisigil

Sigilo Anatomia de uma Bruxa

Resumo
Em meu livro *Anatomy of a Witch*, apresento cinco sistemas simbólicos que se conectam à nossa prática mágica e ao nosso corpo: os Pulmões da Bruxa, o Coração da Bruxa, a Serpente, os Ossos da Bruxa e a Tecelã (ou Mente da Bruxa). Cada um tem seu próprio sigilo a ser considerado enquanto explora cada sistema por si mesmo. Você pode desenhá-los em seu corpo ou em papel, madeira ou pedra para colocar em seu altar. Há também um sigilo combinado que incorpora os principais elementos de design de cada um dos sistemas separados para representar o corpo da Bruxa como um todo. Esta imagem funciona bem em uma vela alta para trabalhar no altar.

Data e Local de Criação
2019–2021, ao longo da escrita do livro, que foi lançado em junho de 2021

Quais Elementos Entraram no Sigilo
• **A Tecelã:** controle da missão, conexão superior, espírito, comunicação, o Caldeirão da Sabedoria, memória, rede nervosa, em equilíbrio com o corpo.

• **Pulmões da Bruxa:** respiração, troca, interconectividade, soberania, reconhecimento das forças invisíveis em nossa vida, consciência do pessoal/privado *versus* público/espaço permeável, elemento Ar.

• **Coração da Bruxa:** ritmo, ritual, padrões, visão interior, o Caldeirão do Movimento, inspiração, paixão, encontrar sua própria batida.

• **Ossos da Bruxa:** estrutura, força, tradição, conexão ancestral, raízes, ciclos de vida e morte, espíritos do lugar, movimento conectado.

• **A Serpente:** eu primordial, intuição, o Caldeirão do Aquecimento, proteção, criação, renovação, energia serpentina, fluidez, sensualidade, cura.

Esquerda: Sigilo Anatomia de uma Bruxa
Direita, de cima para baixo: Tecelã, Pulmões da Bruxa, Coração da Bruxa, Ossos da Bruxa, Serpente

Sigilo Corpo Estelar

Resumo
O Sigilo Corpo Estelar é um desenho feito com caneta e tinta que serviu de base para o frontispício encomendado para o livro *Witchcraft-The Library of Esoterica*, lançado pela editora Taschen, em 2021. Este design reconhece que os elementos Ar, Fogo, Água, Terra e Espírito estão presentes em nossos próprios corpos. Estamos vivendo em um cruzamento de carne e espírito, mito e mistério, inspiração e experiência – feito de coisas estelares.

Local e Data de Criação
Verão de 2021, Nova Inglaterra

Quais Elementos Entraram no Sigilo
Nesta imagem, vemos sigilos que representam os cinco elementos, bem como representações mais gráficas desses elementos em ação. Eles são tecidos juntos para criar um corpo estelar unificado, assim como, da mesma forma, o livro para o qual o sigilo foi desenhado reúne diversas ideias e tradições em uma única exploração colaborativa.

Sugestões de Uso
O propósito primário do Sigilo Corpo Estelar é representar energeticamente a totalidade de um texto específico, mas é também uma ferramenta para contemplação e exploração pessoal. Por favor, note que ao contrário dos sigilos da magia compartilhada, o Sigilo Corpo Estelar não é lançado sob uma licença *Creative Commons* e é protegido por direitos autorais tradicionais (uso pessoal e licenciado). Portanto, não pode ser reproduzido de forma alguma sem minha permissão explícita.

Sigilo Corpo Estelar

CONCLUSÃO

Chegamos ao fim desta jornada artística juntos – por enquanto. Espero que você se inspire para fazer arte e olhar o mundo com um pouco mais de Magia nos olhos. Ao longo deste livro, incluí citações de alguns dos meus artistas favoritos e pessoas criativas. Estou terminando com uma citação que li pela primeira vez quando adolescente, escrito pelo poeta Rainer Maria Rilke em carta à esposa, a escultora Clara Westhoff, em junho de 1907. Retornei às suas palavras repetidas vezes ao longo da minha vida, e esta citação nunca deixa de adquirir um novo significado para mim a cada leitura sucessiva:

Certamente toda arte é o resultado de alguém ter estado em perigo, de ter passado por uma experiência até o fim, quando ninguém pode ir mais longe. Quanto mais longe se vai, mais privada, mais pessoal, mais singular se torna uma experiência e a coisa que se está fazendo é, enfim, a enunciação necessária, irreprimível e, tanto quanto possível, definitiva da singularidade... Aí reside a enorme ajuda que o trabalho de arte traz para a vida daquele que deve fazê-lo.[51]

Quando eu era mais jovem, pensava que o perigo sobre o qual Rilke escreveu era do tipo que vem de influências externas: danos físicos, situações abusivas, pobreza, estresse, etc. Algumas (ou mais) décadas mais tarde, percebi que o perigo vem de dentro de nós – nossos próprios medos e resistência à mudança. Se deixarmos de lado nossos medos, entraremos em uma prática que aproveita o poder e a verdade enraizada dentro de nós, trazendo-os para nós e para o mundo ver. Para mim, isso é realmente uma mágica que vale a pena viver e ver.

---

51 Rainer Maria Rilke, em carta a sua esposa, escrita em 24 de junho de 1907, reimpressa em *Letters on Cézanne*, editada por Clara Rilke, traduzida por Joel Agee (New York: North Point Press, 2002), 4.

BIBLIOGRAFIA

Azéma, Marc e Florent Rivère. *Animation in Palaeolithic Art: A Pre-echo of Cinema Antiguidade* 86, nº. 332 (junho de 2012): 316–24. https://doi.org/10.1017/S0003598X00062785.

Bantock, Nick. *The Artful Dodger: Images & Reflections.* San Francisco, CA: Chronicle Books, 2000.

Bayles, David e Ted Orland. *Art & Fear: Observations on the Perils (and Rewards) of Artmaking.* Santa Cruz, CA: Image Continuum, 2001.

Boyd, Brian. *On the Origin of Stories: Evolution, Cognition, and Fiction.* Cambridge, MA: Belknap Press da Harvard University Press, 2009.

Cezzar, Juliette. *The AIGA Guide to Careers in Graphic and Communication Design*. New York: Bloomsbury, 2018.

Duton, Denis. *The Art Instinct: Beauty, Pleasure, and Human Evolution.* New York: Bloomsbury Press, 2009.

Edwards, Betty. *The New Drawing on the Right Side of the Brain.* New York: Jeremy P. Tarcher/Putnam, 1999.

FLACK, Audrey. *Art & Soul: Notes on Creating.* New York: Penguin Compass, 1986.

Gauger, Eliza. *Problem Glyphs.* Seattle, WA: Strix, 2017.

Gilberto, Elisabete. *Big Magic: Creative Living Beyond Fear.* New York: Riverhead Books, 2015.

Gray, Martin Paul. *Cave Art and the Evolution of the Human Mind.* Tese de MPhil, Victoria University de Wellington, Nova Zelândia, 2010. https://researcharchive.vuw.ac.nz/xmlui/handle/10063/1640.

Owl! at the Library (@SketchesbyBoze). Twitter, 4 de setembro de 2021, 10:24 p.m. https://twitter.com/SketchesbyBoze/status/1434356850737172481.

Ramachandran, V. S. The Tell-Tale *Brain: A Neuroscientist's Quest for What Makes Us Human.* New York: W. W. Norton, 2011.

Sopinka, Heidi. *An Interview with Leonora Carrington.* The Believer, edição de 94, 1 de novembro de 2012. https://believermag.com/an-interview-with-leonora-carrington-3.

Von Petzinger, Genevieve. *The First Signs: Unlocking the Mysteries of the World's Oldest Symbols.* New York: Atria Books, 2016.

Zakroff, Laura Tempest. *Anatomy of a Witch: A Map to the Magical Body.* Woodbury, MN: Llewellyn, 2021.

———. Sigil Witchery: *A Witch's Guide to Crafting Magick Symbols.* Woodbury, MN: Llewellyn, 2018.

———. *Weave the Liminal: Living Modern Traditional Witchcraft.* Woodbury, MN: Llewellyn, 2019.

———. *Witchual Workouts* playlist, Laura Tempest Zakroff YouTube Channel. https://www.youtube.com/playlist?list=PL2TYo23upMtGqS-9RG4dtW8gHwdec3rAf.

FONTES E LEITURA RECOMENDADA

Aqui estão algumas sugestões adicionais para explorar mais a arte e a Magia:

Não ficção

The Art of the Occult: A Visual Sourcebook for the Modern Mystic, de S. Elizabeth

Austin Osman Spare: The Occult Life of London's Legendary Artist, de Phil Baker

Drawing Blood, de Molly Crabapple

The Hidden Geometry of Life: The Science and Spirituality of Nature, de Karen L. French

Ithell Colquhoun: Genius of the Fern Loved Gully, de Amy Hale

Magical Symbols and Alphabets: A Practitioner's Guide to Spells, Rites, and History, de Sandra Kynes

Old in Art School: A Memoir of Starting Over, de Nell Painter

Pan's Daughter: The Magical World of Rosaleen Norton, de Nevill Drury

Women of the Golden Dawn: Rebels and Priestesses, de Mary K. Greer

Wormwood Star: The Magickal Life of Marjorie Cameron, de Spencer Kansa

Ficção

The Forgetting Room, de Nick Bantock

Griffin e Sabine, de Nick Bantock (sete livros no total)

The Hearing Trumpet, de Leonora Carrington

The Honey Month, de Amal El-Mohtar

Memory & Dream, de Charles de Lint

My Name Is Asher Lev, de Chaim Potok

The Wood Wife, de Terri Windling

MAIS INFORMAÇÕES SOBRE LICENÇAS CC4

Os sigilos encontrados no Capítulo 6: Compartilhando Sigilos são cobertos por uma Licença Creative Commons AttributionNonCommercial-ShareAlike 4.0 International License. Isso significa que você está livre para:[52]

- **Compartilhar** – copiar e redistribuir o material em qualquer meio ou formato
- **Adaptar** – combinar, transformar e construir sobre o material

O licenciante não pode revogar essas liberdades enquanto você seguir os termos da licença. Termos da licença:

- **Atribuição** – Você deve dar o devido crédito, fornecer um link para a licença e indicar se foram feitas alterações. Pode fazer isso de qualquer maneira razoável, mas não de qualquer forma que sugira que o licenciante endossa você ou seu uso.
- **NonCommercial** – Você não pode usar o material para fins comerciais.
- **ShareAlike (Dividir Igualmente)** – Se você combinar, transformar ou
- desenvolver o material, deverá distribuir suas contribuições sob a mesma licença do original.
- **Sem restrições adicionais** – Você não pode aplicar termos legais ou medidas tecnológicas que restrinjam legalmente outras pessoas de fazer qualquer coisa que a licença permita.

Avisos

Você não precisa cumprir a licença para elementos do material em domínio público ou onde seu uso é permitido por uma exceção ou limitação aplicável.

Nenhuma garantia é dada. A licença pode não lhe dar todas as permissões necessárias para o seu uso pretendido. Por exemplo, outros direitos como publicidade, privacidade ou direitos morais podem limitar como você pode usar o material.

52 Creative Commons, Attribuição 4.0 Internacional (CC BY 4.0)," https:// creativecommons.org/ licenses / by/4.0/.

Conheça outras obras

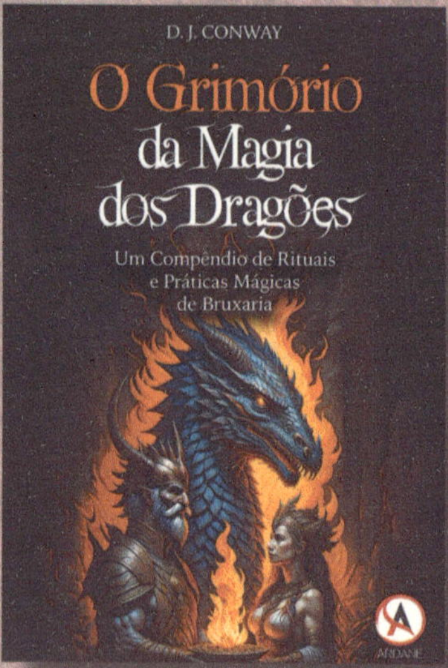

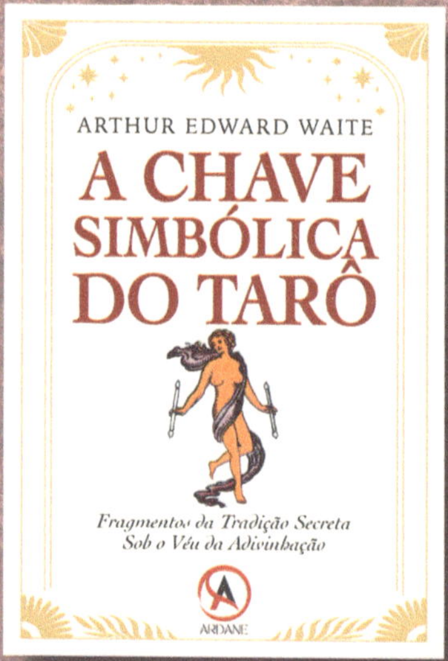

da Editora Ardane

ARDANE

Esta edição foi composta pela Ardane, São Paulo, SP.
O papel utilizado foi o pólen natural, 80 g.
O texto principal foi composto em fonte Minion Pro, 12
e entrelinhamento 14,4 e os títulos em Barbedor, 25.
Impresso no Brasil.